本书得到以下项目支持：
国家特色蔬菜产业技术体系产业经济研究室（CARS-24-08B）
河北省蔬菜产业技术体系产业经济岗（HBCT2018030301）
河北省蔬菜产业人才培养与创新团队
河北农业大学现代农业发展研究中心
河北新型智库：河北省三农问题研究中心

国家特色蔬菜产业技术体系产业经济系列丛书

中国水生蔬菜产业发展研究报告（2017）

ZHONGGUO SHUISHENGSHUCAI CHANYE
FAZHAN YANJIU BAOGAO(2017)

赵帮宏　宗义湘　吴　曼　柯卫东　等◎编著

经济管理出版社
ECONOMY & MANAGEMENT PUBLISHING HOUSE

图书在版编目（CIP）数据

中国水生蔬菜产业发展研究报告.2017/赵帮宏等编著.—北京：经济管理出版社，2018.9
ISBN 978-7-5096-6031-7

Ⅰ.①中… Ⅱ.①赵… Ⅲ.①水生蔬菜—产业发展—研究报告—中国—2017 Ⅳ.①F326.13

中国版本图书馆 CIP 数据核字（2018）第 215030 号

组稿编辑：曹　靖
责任编辑：张巧梅　王　洋
责任印制：司东翔
责任校对：董杉珊

出版发行：经济管理出版社
　　　　　（北京市海淀区北蜂窝 8 号中雅大厦 A 座 11 层 100038）
网　　　址：www.E-mp.com.cn
电　　　话：（010）51915602
印　　　刷：三河市延风印装有限公司
经　　　销：新华书店
开　　　本：787mm×1092mm/16
印　　　张：7.5
字　　　数：165 千字
版　　　次：2018 年 12 月第 1 版　　2018 年 12 月第 1 次印刷
书　　　号：ISBN 978-7-5096-6031-7
定　　　价：68.00 元

报告撰稿人

赵帮宏　宗义湘　吴　曼　柯卫东　朱红莲
李良俊　张尚法　黄新芳　王俊芹　王　哲
乔立娟　张　亮　向　华　郑　姗　李晓蕾
吴娟频　崔　姹

前　言

本研究来源于国家特色蔬菜产业技术体系（CARS-24）项目。报告以水生蔬菜中的莲藕、茭白、荸荠、芋头四个品种为主要研究对象，分析了全球水生蔬菜产业发展与各国水生蔬菜贸易，并对我国水生蔬菜的生产规模、生产布局、贸易规模与格局进行了系统梳理。整理了重要的农业产业化龙头企业、知名品牌、代表性基地、批发市场及重要的水生蔬菜新闻报道。总结分析了水生蔬菜的产业技术、品种结构、栽培模式以及水生蔬菜的成本收益及价格波动，提出了水生蔬菜产业的长期发展趋势。

报告中世界水生蔬菜的生产与贸易数据来自于联合国粮食及农业组织数据库、联合国商品贸易统计数据库，中国水生蔬菜国际贸易数据来源于《中国海关统计年鉴》和海关信息网，市场价格数据来源于《中国农产品价格调查年鉴》以及中国农产品价格信息网。由于水生蔬菜统计信息缺乏，国内产业数据主要来自于国家特色蔬菜产业技术体系水生蔬菜相关岗位科学家、综合试验站站长的问卷调查和产业调研。

本报告是在国家特色蔬菜产业技术体系首席科学家、中国工程院院士、湖南省农业科学院院长邹学校研究员和国家大宗蔬菜产业技术体系首席科学家、中国农业科学院蔬菜花卉研究所杜永臣研究员的直接指导下，由国家特色蔬菜产业技术体系产业经济研究室赵帮宏教授、宗义湘教授、吴曼博士与莲藕品种改良岗位科学家柯卫东研究员、水生蔬菜栽培岗位科学家李良俊教授、水生蔬菜种质资源岗位科学家朱红莲研究员、茭白品种改良岗位科学家张尚法研究员合作完成的。报告得到了栽培生理岗位科学家周艳虹教授、土肥水管理岗位科学家武占会研究员、产地环境综合质量岗位科学家贺超兴研究员、虫害防控岗位科学家张友军研究员、病害防控岗位科学家魏利辉教授、综合防控岗位科学家罗晨研究员、水生蔬菜生产机械化岗位科学家张国忠教授、采后处理与保鲜岗位科学家陈杭君研究员、质量安全与影响品质评价岗位科学家钱永忠研究员等专家学者的大力支持和帮助，也得到了水生蔬菜主产区综合试验站、加工流通企业、合作社、生产基地相关负责人员的协助与支持。

国家特色蔬菜产业技术体系产业经济研究室

2018 年 6 月于保定

目 录

第一章 引言

一、研究背景

我国水生蔬菜栽培历史已有 2500 多年，产量、规模和种植面积均居世界第一，出口市场遍及日本、韩国、东南亚及大洋洲、北美、欧盟等国家和地区，被欧美等国家称为"中国特菜"。由于自然环境等因素的影响，水生蔬菜在我国分布主要集中在长江流域和珠江流域。近年来，水生蔬菜栽培区已扩展到黄河流域并向其他地区扩展，如山东、河南、河北等为主的我国北方地区以及云南、贵州、重庆、陕西等为主的我国西南和西部地区。目前，形成了以长江流域为核心，珠江流域、黄河流域为主要产区，辐射全国的水生蔬菜产业格局。

我国目前已有水生蔬菜国家地理标志产品 90 余个，是我国区域性较强的一类特色蔬菜，在国际农产品贸易中具有较强的竞争优势，出口创汇能力较强。水生蔬菜产业的发展，在保障"菜篮子"产品有效供给、促进农民就业增收、农村环境增美等方面发挥了重要的作用。

2012～2017 年水生蔬菜种植规模、产量、单产水平迅速提升，进入快速发展期。莲藕已成为我国销售量最大的 26 种蔬菜之一，从区域消费转为全国消费，季节性消费变为常年消费。以莲藕为代表的水生蔬菜，在科技研发的推动下，冲破地域限制，种植范围越来越广泛，栽培模式越来越多样化，生产规模逐年上升，消费习惯由南向北逐渐扩散，出口稳步增长。水生蔬菜以其特有的营养价值，成为天然的保健营养品，适宜各类人群。近年来，我国消费逐步升级，水生蔬菜发展潜力巨大。

随着水生蔬菜产业的规模扩张，2016 年、2017 年莲藕价格持续低迷，2017 年茭白价格出现大幅度下滑，水生蔬菜产业迎来转型升级关键期；水生蔬菜在加工保鲜方面仍较为薄弱，产业链条较短；水生蔬菜产业是典型劳动密集型产业，在采挖阶段劳动投入大，目前挖藕的劳动力在 60 岁左右，未来劳动力短缺问题将严重威胁水生蔬菜产业的发展。为破解水生蔬菜转型升级的难题，提升水生蔬菜供给质量，促进农民增收，稳定出口创汇，本报告对我国水生蔬菜产业进行了系统的研究。

二、国内外研究现状

由于水生蔬菜主要在中国种植，因此对水生蔬菜的研究以国内为主。1965 年至今，以水生蔬菜作为研究对象的文献共计 7166 篇。自 1993 年后水生蔬菜文献发表量开始快速增长，特别是 1996～2001 年，文献发表数量增长迅速。2001～2011 年文献发表数量由每年 200 篇增加到了 290 篇。2011～2016 年文献发表数量呈波动增长态势，每年发表数量在 290～360 篇波动（见图 1-1）。

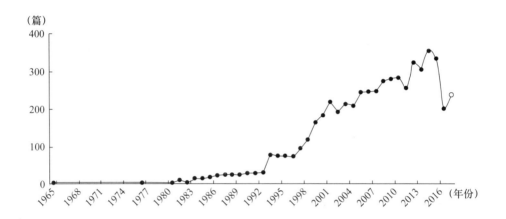

图 1-1　1965～2016 年水生蔬菜文献发表数量

数据来源：中国知网。

水生蔬菜中种植面积最大的四个品种是莲藕、茭白、芋头和荸荠。以莲藕为主题的文献数量共计 4951 篇，以茭白为主题的文献数量共计 2429 篇，以芋头为主题的文献数量共计 1403 篇，以荸荠为主题的文献数量共计 1886 篇。莲藕、茭白、芋头、荸荠与白菜、马铃薯、茄子、西红柿等大宗蔬菜相比，文献发表数量少，研究的空间巨大。如与大宗蔬菜中的白菜比较，以白菜为主题的文献数量共计 25717 篇，是莲藕文献数量的 5.19 倍。

如表 1-1 所示，2015～2017 年，有关莲藕的文献发表数量最多，为 329～367 篇；其次是茭白的文献发表数量，为 139～152 篇；芋头和荸荠文献发表数量，为 88～103 篇。由此可见，莲藕相关研究最多，其次是茭白、芋头和荸荠。与大宗蔬菜中的白菜比较，2015～2017 年白菜的文献数量为 952～1233 篇，是莲藕的 3 倍左右，差距在逐渐缩小（见表 1-1）。

从学科类型上看，莲藕、茭白、芋头、荸荠的研究主要分布于园艺、农业经济、轻工业手工业、植物保护四个学科。在莲藕的文献中，最多的是园艺学科，占 43.48%；其次是农业经济，占 15.43%；轻工业手工业和植物保护分别位列第三和第四。茭白的文献中，最多的也是园艺学科，占 50.58%；其次是植物保护，占 13.66%；第三位的是农业经济，占8.13%。芋头的文献中，园艺学科的文献数量仍排第一，第二位是农业经济，第三位是轻工业手工业，芋头文献的学科分布较分散。荸荠的文献中，园艺学科文献数量排第一，第二位是轻工业手工业，第三位是植物保护（见表1－2）。

表1－1 2015～2017年莲藕、茭白、芋头、荸荠文献发表数量 　　　单位：篇

年份	莲藕	茭白	芋头	荸荠
2015	329	139	103	101
2016	320	170	90	99
2017	367	152	88	95

数据来源：中国知网。

表1－2 莲藕、茭白、芋头、荸荠文献发表的学科类型比例 　　　单位：%

	园艺	农业经济	植物保护	轻工业手工业
莲藕	43.48	15.43	9.28	14.72
茭白	50.58	8.13	13.66	2.21
芋头	32.09	16.86	9.12	14.68
荸荠	42.94	3.70	16.53	16.73

数据来源：中国知网。

从学科类型的分析中可见，莲藕、茭白、芋头、荸荠的文献中，以研究作物的种质资源、生长发育规律、繁殖、栽培、育种、贮藏、加工、病虫等为主。茭白、荸荠的文献中，植物保护研究数量均较多，说明茭白、荸荠在植物病理、病虫害防治等方面更受关注。除茭白外，莲藕、芋头、荸荠的文献中，轻工业手工业学科的文献占比较大，说明莲藕、芋头、荸荠的加工技术的研究所占比重较大，而茭白在这方面较欠缺。莲藕和芋头的文献中农业经济学科均排第二位，说明莲藕、芋头产业经济受到重视，产业发展遇到一些问题；而茭白、荸荠在农业经济方面的研究非常不足。

三、研究对象

（一）水生蔬菜概念

水生蔬菜（Aquatic Vegetable）是指在淡水中生长、其产品可供食用的维管束植物。目前世界上公认的水生蔬菜有莲藕（藕莲，Nelumbo nucifera）、茭白（Zizania latifolia）、芋头（Colocasia esculenta）、荸荠（Heleocharis dulcis）、菱角（Traha spp）、慈姑（Sagittaria sagittifolia）、水芹（Oenanthe decumbens）、蕹菜（Ipomoea aquatica）、芡实（Euryale ferox）、莼菜（Brasenia schreberi）、蒲菜（Typha app）、豆瓣菜（西洋菜，Nasturtium officinale）、蒌蒿（蒌蒿，Artemisia selengensis）13类。除了豆瓣菜外，大多数水生蔬菜种类起源于我国，或我国为其起源地之一。

按照生长环境水生蔬菜可分为深水和浅水两大类。能适应深水的有莲藕、菱角、莼菜等，作浅水栽培的有茭白、水芹、慈姑、荸荠等。按照产品器官水生蔬菜可以分为根茎类、球茎类、果实类、叶菜类等。根茎类包括莲藕、蒲菜，球茎类包括荸荠、芋头、慈姑，果实类包括芡实、菱角、莲子，叶菜类包括水芹、莼菜、豆瓣菜、蕹菜，茭白属于变态茎。

莲藕，又名水芙蓉、荷花、藕等，是莲科莲属多年生宿根性水生草本植物，按其功能分为藕莲、子莲、花莲，全国大部分地区均有分布。在水生蔬菜中，莲藕栽培区域最广，销售量和销售范围最大，也是全国销售量最大的26种蔬菜之一，产品几乎覆盖全国各个省区。

茭白，又名茭笋、菰笋、茭瓜等，为禾本科多年生宿根性水生草本植物，以其膨大的肉质茎为食用器官，是仅次于莲藕的第二大水生蔬菜。根据采收上市次数分为单季茭和双季茭。

荸荠，又名马蹄、乌芋、地栗等，属莎草科荸荠属多年生浅水草本植物，以地下球茎为食用器官，原产印度和我国南部。荸荠每年冬、春季上市，皮色紫黑，具有抗菌、排毒、防癌等多种功效。

芋头，又名青芋、芋艿、毛芋，分为魁芋、魁子兼用芋、多子芋、多头芋几个类型。芋头原产于我国，南北均有栽培，其富含膳食纤维和钾等多种营养物质，既可作蔬菜食用，亦可作粮食充饥。球茎富含淀粉、蛋白质、黏液质以及各种维生素和矿物质。

菱角，又名水栗子、菱、菱实、水菱角等，为一年生蔓性水生草本植物。历代医家视菱为养生之果、药膳佳品，其营养价值可与其他坚果媲美。

芡实，又名鸡头米，因其形状酷似鸡头而得名，为睡莲科芡实属一年生大型水生草本植物。芡实主要以种仁（通称芡米）供食用，集食用、药用、保健功能于一体。

慈姑，又名剪刀草、燕尾草等，以地下匍匐茎先端膨大的球茎为食用器官。产品自秋季开始上市，一直可以留存田间或采收后简易贮藏，直至翌年春季。全国各地市场均有销售，部分出口日本等国。

水芹，以茎和叶柄供食，产品主要在冬春季节上市，上市期基本覆盖全年。

蒲菜，主要在春夏秋季采收上市，是一种优良的风味保健食品。野生状态的蒲草分布于全国各地。以江苏省的"淮安蒲菜"和云南省的"建水草芽"为代表。

莼菜，产品采收期主要在春季和秋季，一般经加工后销售。江浙地区的"西湖莼菜"和"太湖莼菜"产业化开发较好。莼菜润滑鲜美、风味别致，与茭白、鲈鱼一起被誉为"江南三大名菜"。

豆瓣菜，是我国所有水生蔬菜中唯一引进的种类，故也称为"西洋菜"。要求在冷凉的环境下栽培，属于冬春特色叶菜。目前国内主要在华南地区有较多栽培，有广州豆瓣菜和百色豆瓣菜2个品种。

（二）水生蔬菜的品种结构

1. 莲藕以高产的鄂莲系列为主

植物学上莲属共有 2 种，一种是中国莲，主要分布在亚洲；另一种是美洲黄莲。按对不同生态环境的适应性分为 3 个生态型：热带生态型、亚热带生态型和温带生态型。我国栽培的主要是亚热带生态型。莲藕按照其用途，分为 3 个类型，即藕莲、子莲和花莲。藕莲主要采收食用地下膨大根状茎，子莲主要采收食用莲子，花莲主要以观赏为目的。具有食用经济价值的莲藕类型主要是藕莲和子莲。

2000 年以来，我国种植的藕莲品种主要是"鄂莲"系列品种，子莲品种主要是"太空莲"系列品种和"建选"系列品种，这些品种在全国藕莲和子莲主产区的覆盖率达 85% 以上，基本满足了不同熟性、不同食用特性和不同加工特性的生产需求。

藕莲根据熟性分为早熟品种、中熟品种、晚熟品种。目前，国内藕莲产区所种植的品种绝大部分来自于武汉市蔬菜科学研究所选育的鄂莲系列藕莲新品种。经过 30 多年的发展，鄂莲系列藕莲新品种已形成早、中、晚熟和炒食、煨汤品种配套系列，成为国内主栽品种，覆盖率达 80% 以上，产量比传统品种高 30% ~ 50%。表 1 - 3 列出了自 2001 年以

表 1 - 3 我国藕莲品种结构情况

年份	品种	品种类型	适宜地区	食用特性	生长特性	每亩产量
2001	鄂莲 5 号	早中熟	黄河流域及其以南地区	炒食及煨汤皆宜	适应性广、抗逆性强，南北方均可种植	7 月青荷藕 800 千克；9 月枯荷藕 2500 千克
2008	鄂莲 6 号	早中熟	长江中下游及以南地区	宜炒食	入泥浅	2000 ~ 2500 千克
2009	鄂莲 7 号	早熟	黄河流域及其以南地区	炒食及煨汤皆宜	土地肥沃的浅水田种植	7 月青荷藕 1000 千克；9 月枯荷藕 2000 千克
2012	鄂莲 8 号	晚熟	长江中下游及其以南地区	煨汤，生产藕粉，藕带品质高	晚熟，生长期长，可作为采收藕带的优良品种	2200 千克
2013	鄂莲 9 号	早中熟	黄河流域及其以南地区	凉拌、炒食、煨汤皆宜	产量高、藕节大、商品性好	2500 ~ 3000 千克
2015	鄂莲 10 号	早熟	黄河流域及其以南地区	炒食及煨汤皆宜	适于早熟栽培，藕节大，商品性好	7 月青荷藕 1200 千克；9 月枯荷藕 2100 千克
2010	东河早藕	特早熟	长江中下游地区	炒食、生食及煨汤	适于保护地促早栽培	6 月青荷藕 750 ~ 1000 千克；9 月枯荷藕 2000 ~ 2100 千克
2012	脆秀莲藕	早中熟	长江中下游地区露地或设施早熟栽培	适于蔬菜鲜食和盐渍、速冻等加工品	莲淀粉含量高，脆质	1120 ~ 1800 千克

来选育的藕莲品种，北方地区多种植鄂莲 5 号、鄂莲 7 号和鄂莲 9 号，长江流域及其以南地区以下品种均有种植。尤其是鄂莲 5 号高产稳产、抗病性强而得到大面积推广，成为目前的主栽品种。鄂莲 6 号入泥浅、产量高、商品性好，鄂莲 7 号熟性早，莲藕炖汤时汤色白、味甜、质粉，这些新品种亦已被莲藕种植者和消费者广泛接受。中国科学院武汉植物园于 20 世纪 80 年代选育莲藕品种"武植二号"，在湖北、江苏、湖南等地亦有一定量的种植。

目前我国主要种植的子莲品种是太空莲 3 号、太空莲 36 号、满天星、建选 17 号，这些品种蓬大、粒多、结实率高（见表 1-4）。

表 1-4　我国子莲品种结构情况

年份	品种名称	适宜地区	特性	每亩产量
1999	太空莲 3 号	黄河流域及其以南地区	结实率高，鲜食口感甜	莲蓬 4500 个，铁莲子 160 千克或干通芯莲 75~80 千克
2003	建选 17 号	黄河流域及其以南地区	蓬大粒多	通芯白莲 65~110 千克，铁莲子 117~155 千克
2011	太空莲 36 号	黄河流域及其以南地区	结实率高，开花多，花期长	干通芯莲 95~120 千克
2011	京广 2 号	黄河流域及其以南地区。冷水田、锈水田、冷僵田也可	耐瘠薄，抗逆性强，粗放管理，可获得满意产量	干通芯莲 95~105 千克
2015	鄂子莲 1 号	黄河流域及其以南地区	莲蓬大，籽粒多，颗粒大	产鲜莲子 360~400 千克或铁莲子 180~200 千克或干通芯莲 85~110 千克
2011	建选 35 号	黄河流域及其以南地区	花色深红，花多，通芯白莲籽粒大而圆润，高产优质	通芯白莲 70~115 千克
2015	建选 31 号	黄河流域及其以南地区	抗病性强，花多，花早，花期长，粒大圆润，高产，品质优	通芯白莲 70~120 千克

由表 1-3、表 1-4 可见生产上不仅要求高产而且要求省力，对优质、抗病品种需求强烈，对专用型品种如鲜食莲藕、适于加工或保鲜的水生蔬菜品种和早熟或晚熟品种需求日益增多，未来育种技术将打破水生蔬菜种植的地域格局，提升品种适应性。未来高品质、专用性强的品种更受青睐。

2. 以产量高的双季茭白为主

我国茭白主要分为单季茭和双季茭两类，主要生长在长江中下游。目前，生产上茭白主栽品种有浙茭 3 号、浙茭 6 号、龙茭 2 号、浙茭 7 号、金茭 1 号、金茭 2 号、美人茭及丽茭 1 号、丽茭 2 号等。茭白主产区浙江双季茭品种主要以龙茭 2 号和浙茭 3 号为主，高山茭白单季茭品种以美人茭、金茭 1 号、丽茭 1 号为主，一茬两收以单季茭品种美人茭和金茭 1 号为主。

其中金茭 1 号茭白（单季茭）抗病性较强，在海拔 500～700 米的山垄田种植；浙茭 3 号茭白（双季茭）抗性较强，产量高，肉质细嫩；浙茭 6 号茭白（双季茭）比浙茭 3 号茭白产量更高；龙茭 2 号茭白（双季茭）产量高、肉质重。崇茭 1 号茭白（双季茭）抗病性强，耐低温，产量高（见表 1-5）。

表 1-5　浙江茭白品种结构

类型	栽培模式	主要品种	收获期	产量（千克/亩）	效益（元/亩）	主要应用区域
单季	高山栽培	美人茭、丽茭 1 号等	7 月下旬至 8 月下旬	1500～2000	5000～10000	丽水、磐安
	一年两茬栽培	美人茭、丽茭 1 号等	5 月下旬至 6 月下旬	2000	5000～8000	丽水
			9～10 月	1500	3000～5000	
双季	设施双季	浙茭 3 号、浙茭 7 号和龙茭 2 号等	4 月中下旬至 5 月中上旬	1500～2000	10000～12000	余姚、黄岩、临海、温岭、嵊州、绍兴、新昌、金华、桐乡、余杭等
			10 月上旬至 12 月上旬	1500	3000～6000	缙云、桐乡、金华等
	露地栽培	浙茭 3 号、浙茭 7 号和龙茭 2 号等	5 月中旬至 6 月上旬	1500～2000	6000～8000	
			10 月上旬至 12 月上旬	1500	3000～6000	

数据来源：周艳虹：《2017 年浙江省茭白产业调研报告》。

从历年新育品种的类型看，双季茭品种数量、栽培面积均高于单季茭。从新品种的特性看，市场对抗病性强、产量高、肉质细嫩的品种需求很大。未来茭白品种结构是多元化发展的，高产的品种占很大一部分，但各地特色传统品种仍分散分布。各地传统特色品种有退化趋势，科研单位已重视，未来各地对当地传统种质资源的保护力度将加强，成熟品种引进的同时会对传统品种进行适应性改良，使传统品种既具地方特色又能适应市场和自然环境变化。山地茭可反季销售，因此未来利用山地种植的规模将扩大。随着新品种的研发，种植区域不再集中于长江中下游，将向其他区域扩散，包括高海拔地区。

3. 荸荠选育品种较少，主栽地方品种

荸荠按球茎的淀粉含量分为两种类型。一是水马蹄类型，为富含淀粉类型；二是红马蹄类型，为少含淀粉类型。按脐洼（靠根状茎端）深浅分类，有平脐和凹脐两种。一般来讲，含淀粉多、肉质粗的适于熟食加工或加工淀粉，如苏荠、高邮荠、广州水马蹄等；含水分少、淀粉少、肉质甜嫩的适于生食及加工罐头，如杭荠、桂林马蹄等。

广西是我国荸荠种植和生产第一大区，其中新品种"桂蹄 2 号""桂蹄 1 号"及其子代种苗占全区种植面积的 60% 以上。浙江主要种植的品种是杭州大红袍、塘栖荸荠。湖北主要种植的品种有孝感荸荠、沙洋荸荠、鄂荸荠 1 号。江苏主要种植的品种是苏州荸荠、宝应荸荠。

目前大规模种植的荸荠品种主要是两大类，一类是加工专用类，另一类是鲜食类，这两类的淀粉含量、口感不同。规模种植的加工专用类和鲜食类的荸荠共同特点是产量高、抗病性强、品质好。

荸荠地方传统品种繁多，新选育的品种有限，但传统品种遗传特性减弱、抗病性低，使其受到新选育的成熟品种冲击。未来选育的抗病性强、脐部平、品质好、易储藏、产量高的新品种种植规模将不断扩大，地方传统品种的多样性受到威胁。

4. 芋头以地方品种为主

我国芋头大体分为三类：多头芋、魁芋和多子芋。

华南区主要包括广东、广西、福建、海南、台湾等省份。这些地区雨量充沛，气温高。华南区栽培的芋头品种类型有魁芋、多子芋、多头芋，其中以魁芋栽培面积最大，品种类型较为丰富，如福建的福鼎芋、黄肉芋；广西的荔浦芋、贺州香芋；广东乐昌的炮弹芋。

华中华东区主要包括湖南、湖北、江西、江苏、安徽南部。这些地区年降水量为 750～1000 毫米，夏季温度高，冬季霜雪较少。华中和华东地区栽培的芋，以多子芋为主，如龙游红芽芋、绩溪水芋、汉阳红禾、乐平红芽芋等，近年来，通过从华南地区引进栽培，魁芋（槟榔芋）在华中和华东地区栽培成功。

华北区主要包括山东、河南、河北、山西、陕西长城以南地区，及江苏、安徽淮河以北地区。这一地区雨量较少，冬季寒冷。在华北地区种植面积最大的为山东胶东半岛，主要种植的大多为多子芋，且一般为白芽，如莱阳 8520、虾籽芋等。

西南区包括四川、重庆、云南、贵州。这一地区以盆地、丘陵地形为主，冷空气与暖湿气流交汇地带。西南地区芋种质资源类型丰富，其中云南最丰富，该省有叶用芋变种（玉林叶用芋）、球茎芋变种（昆明芋、弯根芋）和花用芋变种（普洱红禾花芋）三大类，元江县弯根芋面积较大。四川有多子芋、魁芋、多头芋以及叶柄用芋等。

目前栽培的品种大部分是地方品种，具有地域特色、地方文化、特殊口味、特定烹饪方法。截止到 2014 年我国共有 19 个地区注册登记了芋头地理标志实物产品。芋头种植地域广泛，品种繁多，独具地方特色。近年来各地选育的芋头新品种主要有鄂芋 1 号、鄂芋 2 号、川魁芋 1 号、桂芋 2 号、金华红芽芋、莱阳 8520 等。选育的新品种产量高、抗病性强、抗逆性强、适应性强，其中鄂芋 2 号有较强的耐旱性。

长期以来，芋头作为农民自繁品种，留种不规范、机械混杂，造成品种混杂严重，同物异名、同名异物等情况多见。因重茬现象多见，芋头土传病害发生严重，造成品种退化，主要表现为产量降低、子孙芋变小、品质变差。随着芋头的大流通、大生产格局的加快，传统地方品种受到选育的成熟品种的冲击，面临淘汰的风险，不利于芋头品种多样性。未来选育的新品种种植规模将扩大，地方传统品种种植规模将缩减。

四、研究内容

　　本报告以莲藕、茭白、荸荠、芋头为主要研究对象，系统研究了世界水生蔬菜生产与贸易、中国水生蔬菜生产和贸易情况。阐述了我国水生蔬菜的产业技术、品种结构、栽培模式，对水生蔬菜的生产基地进行了调查研究。从经济学视角分析了水生蔬菜的成本收益及价格波动，对产业发展特征，长期发展趋势和存在的风险进行判断。

第二章 水生蔬菜产业技术

一、水生蔬菜育种技术

水生蔬菜主要以无性繁殖为主，除菱角、芡实、豆瓣菜、蕹菜用种子繁殖外，莲藕、茭白、芋头、慈姑、荸荠、莼菜、蒲菜等几乎都采用无性繁殖。虽然水生蔬菜主要以无性繁殖为主，但大部分作物仍具有有性生殖的能力。因此，必须根据水生蔬菜本身的特性，有针对性地开展育种技术研究。水生蔬菜育种技术主要包括系统选育、杂交育种、诱变育种、人工接种等。

（一）系统选择育种

系统选择育种主要是通过作物自然变异进行选择的一种育种方法。对于以无性繁殖为主的莲藕、茭白、芋头、慈姑、荸荠、莼菜、蒲菜等水生蔬菜，都可采用此方法进行育种。通过系统选择育种方法，武汉市农业科学院蔬菜研究所分别从上海莲藕地方品种和浙江莲藕地方品种中选育出鄂莲 1 号、鄂莲 2 号，中国科学院武汉植物研究所从慢荷中选育出武植 2 号。茭白是茭白黑粉菌刺激茭白茎的生长点后形成的变态茎，而茭白黑粉菌极易受环境影响发生变异，一旦出现变异，茭白种性就发生变化。利用茭白的这一特点，采用系统选择育种，可以快速有效地选育新品种。目前我国茭白的新品种都是通过系统选择育种方法选育而成。其他水生蔬菜如多子芋、荸荠、慈姑等也主要是通过系统选择育种方法选育新品种。

（二）人工杂交育种

水生蔬菜虽然大都以无性繁殖为主，但仍保持有性生殖的能力。长期以来，正是由于水生蔬菜大都以无性繁殖为主，导致其有性生殖研究未引起人们足够的重视。水生蔬菜中，只有莲藕、子莲采用人工杂交方法成功选育了一系列新品种，如武汉市蔬菜科学研究所从 20 世纪 80 年代中期开始，已选育出鄂莲 3 号至鄂莲 10 号以及鄂子莲 1 号等鄂莲系列莲藕品种，并在全国得到广泛应用；福建省建宁县莲籽科学研究所选育出建选 17 号、建选 35 号等子莲新品种等。与传统品种相比，新选育品种表现出较强的杂种优势，产量提高30%以上，品质也得到不同程度的提高。

其他水生蔬菜的杂交育种直到近年来才受到重视，并取得重要进展。武汉市蔬菜科学研究所率先在我国开展芋头、荸荠、慈姑、莼菜、菱角、水芹等水生蔬菜传粉生物学和种子生物学研究，基本明确了这些作物的繁育系统，掌握了这些作物的杂交育种方法及种子发芽方法，为深入开展这些作物的杂交育种奠定了坚实基础。苏州市蔬菜科学研究所开展了芡实、水芹的杂交育种研究，并选育出新品种。可以预见，水生蔬菜杂交育种将在实践中得到广泛应用，加快我国水生蔬菜新品种的选育进程。

与普通以有性繁殖为主的作物的育种相比，水生蔬菜杂交育种呈现自身的特殊性，主要表现在以下方面：第一，水生蔬菜产品器官一般为茎或叶，种苗多为营养器官——茎，而非种子器官，杂交后代一旦出现性状优良的组合单株，其性状优良即可通过生产上的无性繁殖器官（种苗）得到固定，无须年年制种。第二，水生蔬菜在水中生长，杂交后代性状观察及优良后代筛选必须在相对隔离的容器或小区内进行，所需容器或小区数量多，耗资耗力，不如旱生作物简易直接。

（三）诱变育种

诱变育种包括物理诱变和化学诱变等。对于以无性繁殖为主的水生蔬菜，诱变育种尤其具有可行性。航天育种、离子注入法育种、化学诱变育种等在水生蔬菜中得到应用，如江西省广昌县白莲科学研究所于1986年用γ射线处理鄂子1号，从中选育出赣辐86号新品种；1994年将442粒白莲种子搭载返回式卫星，进行空间诱变育种研究，成功培育出太空3号、太空36号等子莲优良品种；通过低能离子注入技术进行生物物理诱变，选育出京广1号、京广2号两个子莲新品种。其中，太空莲已在生产上大面积应用。广西壮族自治区农业科学院生物技术研究所通过茎尖组织培养产生的变异，选育出桂蹄2号、桂蹄3号；以桂蹄2号组培苗为诱变材料，利用Co-60辐射选育出荸荠新品系桂粉蹄2号，这些品种已成为我国荸荠主要生产区广西的主栽品种。芋头、慈姑、茭白等水生蔬菜诱变育种也正在开展。

中国计量学院通过菰黑粉菌人工接种野生茭白植株实验，成功实现了茭白黑粉菌人工接种茭白植株并诱导获得膨大茎，使通过黑粉菌人工接种方式选育茭白新品种成为可能，是茭白育种研究中的重大突破。

（四）分子标记辅助育种

分子标记辅助育种是近20年来生物育种技术的新发展，并在许多作物上得到应用，但水生蔬菜相关研究才刚刚起步。分子生物学和基因组学的迅猛发展，为水生蔬菜基因组学的研究创造了有利条件。2013年，中国科学院武汉植物园和美国伊利诺伊大学联合完成了中国古代莲的全基因组测序；同年，武汉市蔬菜科学研究所和深圳华大基因合作完成了中间湖野莲的全基因组测序。武汉大学、中科院植物园等国内众多科研单位也相继完成了莲藕重要基因系统进化、遗传多样性、重要基因挖掘和功能分析。但与莲重要农艺性状相关的基因挖掘和相关研究才刚刚起步，未见应用。随着研究的深入，相信分子标记辅助育种将在水生蔬菜育种中得到进一步应用。

二、育苗繁种技术

（一）常规繁种

与大部分旱生蔬菜和农作物不同，水生蔬菜大部分以无性繁殖为主，其食用器官多为繁殖器官，水生蔬菜这一生物学特性决定了水生蔬菜的栽培过程即是繁种过程，无须通过亲本杂交制种。即使以种子繁殖的菱角、芡实、籽藕、大叶豆瓣菜，由于在长期的进化过程中形成的以自花授粉为主的特性，导致其在自然条件下，后代变异小，一般无须采用隔离措施。因此，水生蔬菜繁种技术一般采用常规栽培方式繁殖种苗。

（二）组培快繁

对于以地下茎为种苗繁殖器官的莲藕、芋头、荸荠、慈姑等水生蔬菜而言，长期无性繁殖易导致种苗带病，种性退化，产量和品质降低；加之这些水生蔬菜地下茎作为种苗时，重量重，体积大，运输极为不便。因此，通过组培快繁脱毒，使种苗微型化、无毒化十分必要。近20年来，我国已在这些作物的组培快繁和微型种苗方面开展深入研究，取得成效，其中，莲藕、芋头、荸荠的微型种苗或脱毒种苗已在实际生产中得到广泛应用。如武汉市蔬菜科学研究所发明的微型种藕繁殖技术，使莲藕用种量由每亩200～300公斤减至20～40公斤；广西壮族自治区农业科学院生物研究所和武汉市蔬菜科学研究所研究的荸荠脱毒苗抗病性强，所产荸荠果大、产量高，有效解决了荸荠常规种苗易感病、产量低的技术难题；目前，广西30万亩荸荠中，80%以上采用荸荠脱毒种苗。另外，芋头脱毒种苗也在我国芋头主产区山东、广西、江西、江苏等地生产上得到一定面积的应用，增产达20%～30%。

三、栽培模式与技术

传统的水生蔬菜栽培以单一作物种植为主，很少进行轮作套种或种养结合。近十几年来，随着我国水生蔬菜生产和科研的快速发展，一些新的水生蔬菜栽培模式和技术应运而生，显著提高了单位面积土地的利用效率和效益。

（一）栽培模式

1. 单一品种种植

利用自然环境条件或人工保护地措施，可错开产品的成熟上市期，达到周年生产或多次采收目的。在广西柳州，当地藕农结合当地年平均气温较高的自然条件，打破每年一季莲藕的传统模式，开展"双季藕"生产，产值达 2 万多元，比常规单季莲藕多盈利上万元。在长江中下游地区，通过保护地栽培，4 月中旬密植早熟莲藕，也可达到莲藕两季采收目的。在浙江，利用冬春季大棚增温以及夏秋水库灌溉，可创造全年适合茭白生长环境。通过双季茭白设施栽培，夏茭可在 4 月下旬采收，比常规栽培茭白提早 1 个月上市，秋茭和夏茭的产量和产值比常规栽培分别增加 30% 和 35% 以上。安徽岳西及浙江缙云利用高山气候优势，大力发展高山茭白，填补了平原地区 7 ~ 9 月无茭白上市的空档期。水芹为喜凉植物，较耐寒而不耐热，生产和消费季节集中在秋冬季至早春时节，而江苏农户利用遮阳网覆盖栽培技术，可在夏季生产水芹。

2. 轮作套种模式

轮作套种可有效提高复种指数，增加农民收入。水生蔬菜轮作套种主要有两种方式：水生蔬菜与水生作物轮作、水生蔬菜与旱生作物轮作。主要模式包括：藕带 - 藕莲（莲子）、西瓜（甜瓜、旱生菜）- 荸荠、旱作水芹 - 莲藕、旱生蔬菜 - 芋、莲藕与水稻套种、莲藕 - 慈姑套种等多达 20 余种，特别是保护地水旱轮作，较好地解决了土壤连作障碍、保护地栽培中土壤盐碱化和土传病害等问题。

3. 种养结合

"水生蔬菜 - 鱼"种养结合模式由"稻 - 鱼"种养结合模式演化而来。20 世纪 80 年代，中国科学院水生生物研究所对传统稻田养鱼技术进行总结，并在国内率先开展稻田养鱼技术研究和应用。20 世纪 90 年代以来，我国稻田综合养殖得到迅速发展。近二十年来，随着水生蔬菜种植业的迅速发展，"水生蔬菜 - 鱼"种养结合模式得到应用和推广。综合种养系统内鱼可以疏松水生蔬菜根系土壤，其排泄物作为水生蔬菜的有机肥料，提高水生蔬菜产量和品质；系统内的水草、有机质、昆虫、底栖生物可作为鱼的天然饵料，实现有机物的循环利用以及菜鱼的互利共生。研究表明，"水生蔬菜 - 鱼"种养结合，能使化肥使用量下降 15% 以上，农药使用量下降 20% 以上，水生蔬菜增产 5% ~ 12%，单位面积综合效益显著提高。

"水生蔬菜 - 鱼"种养结合中，最常见的水生蔬菜种类有莲藕、子莲和茭白，与莲藕复合种养的鱼类有鲫、鲤、乌鳢、中华鳖、罗非鱼、黄颡鱼、泥鳅、草鱼、河蟹、小龙虾、鲶、鲢、鳙、青虾、鳊、鳜等；与子莲复合种养的鱼类有鲫、鲤、罗非鱼、草鱼、中华鳖、鲶、南美白对虾、鳜等；与茭白复合种养的鱼类有鲫、鲤、中华鳖、龟、黄鳝、罗非鱼、泥鳅、小龙虾、鲶等。在水生蔬菜大省湖北，"莲（藕）- 虾"共作种养模式正在大面积推广应用。以湖北省潜江市为例，2017 年该模式面积发展到 1.2 万亩，每亩可产干莲子 150 公斤或鲜莲子 350 公斤或藕 2000 公斤、虾 180 公斤，平均每亩效益 9000 元。又如嘉兴市南湖区凤桥荣发水八仙蔬菜专业合作社 2012 ~ 2013 年开展茭白田套养泥鳅，每亩收获茭白 3450 公斤，产值 10178 元，收获泥鳅 310 公斤，产值 17360 元，合计每亩产值 27538 元。

（二）栽培技术

水生蔬菜是一种劳动密集型产业，劳动强度大，采挖困难，影响水生蔬菜产业的发展，因此，栽培轻简化显得尤为重要。目前，栽培轻简化已成为现代农业的发展趋势。近年来，武汉市蔬菜科学研究所、金华市农科院相继展开了莲藕轻简化基质栽培技术的研究，可节约采挖劳动力50%以上，每亩节省采挖成本500元以上。挖藕机、芋头起垄机、荸荠采挖机等机械开始在一些产区得到应用。相信在不远的将来，越来越多的轻简化栽培方式和机械将会应用于水生蔬菜生产。

四、病虫害防控技术

近年来，在农业部公益性行业（农业）科研专项经费项目"水生蔬菜产业技术体系研究与示范"及"十二五"国家科技支撑计划、"水生蔬菜高效生产技术研究与示范"等国家重大科研项目的资助下，华中农业大学等单位对莲藕腐败病、茭白胡麻叶斑病、芋疫病、芋病毒病、荸荠干枯病和枯萎病、莲缢管蚜、食根金花虫、斜纹夜蛾、长绿飞虱、茭白二化螟、白禾螟、菱角萤叶甲等主要病虫害的发生规律及防治方法进行了研究，制定了一系列防治措施。其中，物理防治如杀虫灯、性诱捕器、黄板等绿色防控技术的应用，对保护生态环境，降低生产成本，提高水生蔬菜产品的安全性有重要意义。

五、水生蔬菜生产机械化

水生蔬菜比陆地蔬菜作业环境更为恶劣、劳动更密集，严重制约着水生蔬菜产业发展。近十年来，通过各科研院校、农机企业、技术推广部门和种植农户的共同努力，水生蔬菜生产专用机械的研制与开发取得了较好的成绩。

（一）莲藕生产机械

1. 莲藕种植装置

蚌埠市徐善种植农民专业合作社发明了一种立体式莲藕种植装置，在单位空间内增加莲藕的种植密度，增加光照时间，提高了劳动生产效率，可实现大规模工业生产。

2. 莲藕施肥装置

安徽绿源渔业科技有限公司研制了一种莲藕施肥装置，利用水泵将肥料和水混合后经喷头喷出，种植人员只需拿着喷头对着藕池均匀喷洒就能完成施肥。

3. 莲藕收获机械

目前主要通过高压水流或气流冲挖采收莲藕，挖藕机按结构形式可分为以下五类。

（1）船式挖藕机。作业时自行移动，无外延长水管。山东微山县微山湖挖藕机械制造厂生产的4CW－2.6型船式挖藕机，工作效率200.1～333.5平方米/小时，已在山东、江苏、安徽、湖北等地推广使用。湖北省襄樊市航鹰航空科技有限责任公司研制的挖藕机和华中农业大学研发的4CWO－3.2型船式挖藕机，采挖效率分别为167～416平方米/小时和100～400平方米/小时。

（2）浮筒式挖藕机。作业时自行移动，无外延长水管，操作人员需下水作业。最早的为日本 IWAMOTO MAMORU 等发明的莲藕挖掘装置。武汉兴盛农机技术开发有限公司生产的 W－FPZ－1200C 型浮筒鸭嘴式挖藕机和山东临沂梅工机械制造有限公司开发的 DCE－1001D 浮筒式挖藕机，挖藕效率分别为 166.8～250.1 平方米/小时和 200 平方米/小时。山东华盛中天机械集团股份有限公司研制的 4W－100 型自走式挖藕机，工作幅宽 1 米，挖掘深度小于 60 厘米。

（3）水泵机组漂浮式挖藕机。可在藕田内漂浮移动，作业过程中按需固定，有外延长水管，操作人员需下水作业。其代表为安徽四平食品开发有限公司设计的一种高压水冲式挖藕机。

（4）水泵机组岸基式挖藕机。水泵机组在岸边固定，作业时按需移动，有外延长水管，操作人员需下水作业。韩国的 LEE 等发明的高压水力式莲藕收获机以及日本的 YAMAGUCHI AKIO 公开采用超声波使土壤液化原理的莲藕收获机均属此类。武汉市农机服务总站、华中农业大学和南通市江华机械有限公司联合研制的 4OZ－3 型自走式水压莲藕挖掘机，工作幅宽 3 米，采挖效率 667 平方米/天。

（5）滑板式挖藕机。韩国的 LEE 等设计出一种高压气力式莲藕收获机，其行走装置为滑板。

另外，OZASA MICHITOSHI 研制了一种莲藕收获机，用于收获在非透水性框体中培养出的莲藕。

（二）莲蓬采摘器

传统方式采摘莲蓬，费时费力，且可能造成莲叶损伤。为此，有关科研院所以及企业研发了莲蓬采摘器，例如：姜琛公开了一种漏斗形莲蓬采摘器；乔建强开发出一种莲蓬采摘器；浙江省农业科学院和浙江机电职业技术学院设计出一种便携式莲蓬采摘器；浙江理工大学研制出便携式自动莲蓬采收装置；黄江龙发明了一种莲蓬采摘、分离与筛分一体化自动设备；等等。

（三）芋头生产机械

1. 芋头播种机

芋头在日本已基本达到了全程机械化作业水平，种芋播种机可同时进行起垄、播种、地膜覆盖 3 项作业，作业效率 1000 平方米/3.7 小时；地膜回收机作业效率 1000 平方米/0.4 小时。山东理工大学发明的转筒式芋头穴播机，一次完成起垄、整平、开沟、播种、覆土等多种功能。潍坊职业学院设计了一种多功能播种机，能完成芋头、生姜、马铃薯等根茎类作物的刨沟、撒种、盖土、施肥等工序。于珊珊等研发的芋头播种机，开沟、施肥、排种、覆土、起垄、喷药一次完成。青岛农业大学开发出的芋头直立播种机亦能达到播种要求。

2. 芋头收获机

（1）通用芋头收获机。通用芋头收获机大致可以分为以下两类：

1）集中铺放式芋头收获机。一般挂接于拖拉机后方，收获后的芋头被集中铺放于机具后方地面。以山东曲阜为主的多家农机企业生产的薯类收获机可实现芋头的机械化采收，作业效率可达 4002～6670 平方米/小时。广西大学发明的带茎秆分离装置的芋头收获机以及农业部南京农业机械化研究所研制出的芋头双抖土收获机，收获效果亦较理想。

2）芋头联合收获机。收获机集挖掘、输送、筛分、果实收集为一体，机型较大，一般采用履带底盘，挖掘装置在履带底盘前方。其代表为日本 ITO KUNIAKI 和 SHINGO 等人设计的芋头收获机。

（2）专用芋头收获机。宁德师范学院研发出槟榔芋采挖设备，槟榔芋经松土机松土，抬升机抬举后由夹持机夹持槟榔芋杆将槟榔芋拔出，克服了现有收获技术损伤槟榔芋的缺陷。

（四）荸荠收获机

荸荠挖掘劳动强度大、效率低、收获成本高（人工成本高达 3 万元/公顷）。现有公开的荸荠机械化收获技术大致可分为两类。

（1）整层收获。挖掘装置将荸荠生长层泥土整层铲起，再经分离装置进行荸荠和泥土分离。焦忠等和唐仲华等发明的荸荠收获机以及陕西科技大学设计的荸荠采收船，荸荠损伤率较高。丁年生、东北大学秦皇岛分校、华中农业大学以及马锁才等发明的荸荠收获机，工作时均需用水冲洗荸荠，存在一定局限性。安徽农业科学院农业工程研究所的王川等提出采用农机与农艺相结合的模式，并开发出一种升运链式荸荠收获机，但该农机与农艺结合模式尚处在探索阶段。

（2）分层收获。挖掘装置分两层，上层铲起无荸荠层泥土输送至机具侧边或后方，下层铲起荸荠集中层输送至分离装置进行泥果分离。丁年生和高峰等设计的荸荠收获机，荸荠损伤率较高。唐仲华等公开的荸荠收获设备，收获前要晒田至泥土含水量低于 20%，并将荸荠茎部割平地面。周晓明 2009 年发明的荸荠挖掘机，轮式机动车牵引附着性能差，还存在泥果分离困难和茎秆缠绕等问题；2015 年设计的履带式荸荠挖掘机，需用水冲洗荸荠；2016 年研发的分层式荸荠挖掘机，泥果能有效分离，采收后的田地平整。

（五）其他水生蔬菜生产机械

1. 水芹耕种机械

曹国荣联合扬州大学开发了水芹自动化农业耕种机，作业者站在平台上脚不沾地即可进行开沟、播种、施肥和收割等工作，比传统种植方式节约近八成人工成本。

2. 芡实生产机械

滁州学院研发出一种芡实定植播种机，通过调节播种电机的转速可以实现芡实种子逐粒定植。

为解决芡实采收难题，滁州学院陈志宏等研发出一种机械传动式芡实果实采收装置，江西明湖农业发展有限公司设计出一种气吸式芡实种子采集装置。

3. 慈姑收获机械

江苏里下河地区农业科学研究所提出了一种慈姑覆膜垄作栽培方法，应用起垄覆膜机、蔬菜移栽机、通用根茎作物收获机完成种植到收获各环节作业，大大提高了机械化水平。吴爱兵发明了一种慈姑自动收获机器人，能在浅水田和浅水湖内对慈姑进行自动拔取、清洗、球茎与慈姑主体分离。

4. 菱角采摘机械

李荣等设计出一种菱角收获装置，菱角秧被打碎排出，菱角则被输送至收获机后置的菱角船内。泉州市科茂利通智能科技有限公司开发的菱角采摘自动生产线和中国计量大学发明的菱角采摘船，其采菱过程仍由人工完成。

5. 莼菜生产机械

莼菜种植机械。重庆国农环境科技股份有限公司研发出的莼菜施肥装置，能将肥丸逐个施放到莼菜穴土中。该公司还发明了莼菜水田光照调整结构、莼菜水田采光及雨水引流结构、莼菜胶质形成促进设备等一系列莼菜种植机械，填补了该领域的空白。

莼菜采摘器。苏州农业职业技术学院开发了莼菜手动控制采摘器，采摘器分为采摘装置和收集装置，一定程度上降低了劳动强度，但工作效率尚需进一步提升。

6. 蒌蒿（蒌蒿）生产机械

蒌蒿（蒌蒿）扦插机。华中农业大学研制出的蒌蒿扦插机，可实现分苗、取苗、扦插等多项作业，行进速度108毫米/秒，行距90毫米，扦插10行，株距80~100毫米，扦插深度50~60毫米，扦插直立度≤10%。

蒌蒿收割机。武汉市农机化所研制出一种小型自走式蒌蒿收割机，行进速度2.2千米/小时，工作幅宽0.75米，作业效率1334~1667.5平方米/小时，曾在武汉市蔡甸区进行试用。

第三章 水生蔬菜保鲜加工技术

在国家科技计划的资助下，经过多年的科研攻关，水生蔬菜保鲜加工技术有了长足的进步，其中部分种类实现了产业大发展。现就各类水生蔬菜保鲜加工技术总结如下。

一、莲藕保鲜加工

（一）莲藕保鲜加工

莲藕保鲜的关键在于护色，护色过程主要是控制酶促褐变。学者们研究提出了多种莲藕护色技术，比如热烫或抑制剂钝化酶活力、调整或改变酶的作用环境、隔离氧气接触、使用抗氧化剂等途径防止莲藕褐变，均获得了良好的保鲜效果。

我国莲藕加工是在手工家庭作坊制备藕粉和菜肴的基础上发展起来的。20世纪90年代初，在江苏、山东、浙江等地逐渐形成了以盐渍藕以及水煮藕片为主的加工产业。20世纪90年代中期，莲藕饮料加工水平有了提高。近10年来，莲藕保鲜技术取得重要进展。例如，以从植物中分离获得的源乳酸菌为发酵剂，研发出水生蔬菜新型绿色安全生物保鲜剂4－（4－羟基－苯基）－丁－2－烯酸复合物；以传统化学保鲜剂为基础，复配保鲜剂LB保鲜剂；从可食性植物分离筛选出绿色天然防腐剂石竹烯复合物；微气体环境调控保鲜技术得到应用。应用新型保鲜剂可使鲜藕在0~5℃的冷藏条件下，保鲜期达30天以上，藕带保鲜期达15天以上，切分藕（鲜切藕）保鲜期达14天，青鲜莲子保鲜期达1月以上。

目前，我国莲藕加工食品种类主要有盐渍藕、水煮藕片、速冻藕片、脱水藕片、藕粉、糯米藕、藕汁饮料、酥脆油炸藕片、酥脆藕条、卤藕片、荷塘三宝、酥脆莲子、保鲜青鲜莲子、莲子汁饮料、莲藕酒等，直接经济效益达50亿元。

（二）藕带保鲜加工

藕带是莲的幼嫩根状茎，即幼嫩莲鞭。藕带以前人们并不食用，近10年来，鲜藕带在湖北发展成为人们喜爱的春夏季时令蔬菜。藕带保鲜技术主要有化学保鲜剂保鲜藕带、辐射保鲜藕带、壳聚糖涂膜藕带、速冻保鲜藕带技术。近几年来，在鲜食藕带的基础上，湖北大力研发泡藕带加工技术，并在湖北省广泛应用，目前湖北泡藕带产值约40亿元。

二、茭白保鲜加工

(一) 茭白贮藏与保鲜

茭白主要以鲜销为主。茭白贮藏保鲜方法包括堆藏法、普通冷藏法、浸泡贮藏法、薄膜包装保鲜、气调保鲜、减压贮藏保鲜、热激和涂膜包装处理保鲜、加压贮藏保鲜、化学保鲜、电解水保鲜、微型保鲜库（SMCS）保鲜等。鲜切茭白用质量分数为0.1%的L-半胱氨酸护色20分钟，在4℃状态下贮藏，保鲜期达7天。

(二) 茭白加工

茭白加工产品主要有腌制茭白、罐装茭白、热风干燥茭白丝、微波联合油炸脱水茭白等。

三、荸荠保鲜加工

(一) 荸荠贮藏与保鲜

荸荠贮藏保鲜方法主要有窖贮法、陶缸贮藏、堆藏法、细沙贮藏、溶液贮藏、冷藏保鲜、真空包装冷藏、运输保鲜、钙塑箱保鲜、自发气调保鲜、水浸法常温保鲜、涂膜贮藏保鲜等；去皮荸荠保鲜方法主要有氮气保鲜方法、乙醛熏蒸技术、热及处理保鲜、碱式次氯酸镁保鲜等。

(二) 荸荠加工

荸荠加工产品主要有荸荠糖、荸荠糕、荸荠脯、荸荠罐头、荸荠果酱、速冻荸荠、荸荠蜜饯、荸荠爽饮料、荸荠果肉饮料、荸荠粉等。

四、芋头保鲜加工

(一) 芋头贮藏与保鲜

芋头贮藏与保鲜方法主要为传统窖藏；去皮芋头的保鲜方法主要有浸硫热烫法保鲜、涂膜处理保鲜、真空预冷保鲜、减压贮藏技术、真空包装结合低温保鲜、化学保鲜、辐射保鲜等。

(二) 芋头加工

芋头加工产品主要有芋头糊、芋头片、芋头油炸酥片、芋头粥、风味芋头丸等速冻产品以及芋头乳酸菌发酵酸奶等。

五、其他水生蔬菜保鲜加工

（一）慈姑保鲜加工

慈姑贮藏保鲜方法主要包括田间贮藏法、泥藏法、沙藏法、水控贮藏法、运销法等。慈姑加工产品主要包括速溶慈姑粉、慈姑饮料、风味慈姑片、非油炸慈姑脆片等。

（二）菱角保鲜加工

菱角贮藏保鲜主要有吊贮方法、库存方法、涂膜保鲜方法等。菱角加工产品主要包括菱角粉、脱水菱肉、速冻菱肉、糖水菱角罐头、清水菱角罐头、菱角酱、菱角露、菱角饮料、菱角豆腐、菱角粉丝等。

（三）芡实保鲜加工

芡实是我国传统的中药原料和滋补食材，具有多种生理保健功能，被视为延年益寿的上品。叶柄、花梗可作夏季时鲜蔬菜，花、叶具有观赏价值，素有"水中人参"和"水中桂圆"的美誉。芡实米速冻保鲜可贮藏保鲜1年以上，其产品品质、风味保持几乎接近于鲜芡实米。芡实加工产品主要有芡实饮料、芡实乳饮料、芡实乳酸菌饮料、即食芡实保健粥、芡实罐头、芡实酒、芡实醋等。

（四）水芹保鲜加工

目前水芹主要以鲜销为主，加工品种类较少，其功能活性成分亟待开发。

（五）莼菜保鲜加工

将采摘的莼菜产品迅速放进洁净的冷水中，水温不超过20℃，可保鲜2天，即使在3～5℃低温下也只能保鲜5天左右。莼菜加工产品主要有莼菜罐头、莼菜干制产品、冷冻保鲜莼菜、莼菜饮料等。莼菜还可用来提取莼菜多糖。

（六）蒲菜保鲜加工

蒲菜贮藏与保鲜方法。主要有低温贮藏保鲜、热处理保鲜、微波处理保鲜、气调保鲜、涂膜保鲜法、化学保鲜等。蒲菜加工产品主要有酱蒲菜、蒲菜饮料、蒲菜罐头、蒲菜蔬菜纸等。

（七）水蕹菜、豆瓣菜保鲜加工

水蕹菜、豆瓣菜以鲜销为主，尚无保鲜加工产品。

第四章 世界水生蔬菜生产与贸易

一、世界水生蔬菜生产

中国是水生蔬菜的主产国，除芋头外，其他国家鲜有种植，FAO 数据库尚无莲藕、荸荠、茭白生产数据。本报告中世界水生蔬菜生产仅对芋头生产布局进行梳理、研究。

芋头［Colocasia esculenta（L.）Schott］，别名芋、芋艿、毛芋，天南星科最主要的粮食作物和经济作物，具有重要的食用和药用价值。

芋头原产于中国、印度、马来半岛等热带沼泽地区。世界广为栽培，但以中国、日本、太平洋诸岛栽培最多，是全世界近 1% 的人口的主食，在全世界消费最大的蔬菜中排名第 14 位；在太平洋地区，芋头与世界其他地区的谷物作物一样重要。

1. 自 2009 年起，世界芋头收获面积上升，产量基本稳定

在过去的 20 年间，世界芋头收获面积呈明显的两阶段变化（见图 4 - 1）。1997 ~ 2007 年，芋头收获面积强劲上升，从 1026.9 千公顷增加到 1619.5 千公顷，增幅 57.7%；

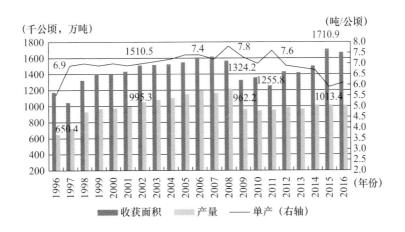

图 4 - 1 1996 ~ 2016 年世界芋头收获面积、产量和单产情况

数据来源：联合国粮食及农业组织（FAO）。

2008 年、2009 年收获面积转至下降趋势，但自 2010 年起，收获面积恢复并呈上涨趋势，2015 年达 1710.9 千公顷，年均增长 4.9%，在 2016 年略微下滑，为 1669.5 千公顷。

从产量上来看，世界芋头总产量随面积先上升后下降，2009 年之后趋于稳定。1996～2008 年世界芋头总产量从 650.4 万吨增加到 1214.4 万吨，增幅 86.7%；从 2009 年开始，世界芋头产量不再随收获面积的增加而增加，基本稳定在 1000 万吨左右，2016 年总产量为 1012.9 万吨。

从单产上来看，1997～2007 年单产水平基本稳定在 7 吨/公顷，2008 年之后单产水平波动下降，从 2008 年的 7.8 吨/公顷下降至 2016 年的 6.1 吨/公顷，降幅为 21.8%。

2. 世界芋头生产主要集中在亚洲非洲，亚洲单产优势明显

目前，芋头在非洲、亚洲、大洋洲和美洲均有种植，但主要集中在非洲和亚洲（见图 4－2）。2016 年，非洲芋头收获面积为 1470.7 千公顷，占世界收获面积的 88.1%；亚洲芋头收获面积为 135.6 千公顷，占比 8.1%；其次是大洋洲占 3.3%、美洲占 0.5%。

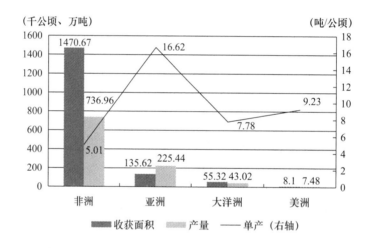

图 4－2　2016 年各大洲芋头收获面积、产量和单产情况

数据来源：联合国粮食及农业组织（FAO）。

就产量而言，2016 年，非洲芋头产量为 737 万吨，占世界总产量的 72.8%；亚洲芋头产量为 225.4 万吨，占比 22.3%；其次是大洋洲占 4.3%、美洲占 0.7%。亚洲以 8.1% 的收获面积生产出 22.3% 的产量；非洲拥有 88.1% 的收获面积却只生产出了 72.8% 的产量，亚洲在产出比方面明显领先于非洲。

就单产而言，2016 年非洲单产 5.0 吨/公顷、亚洲 16.6 吨/公顷、大洋洲 7.8 吨/公顷、美洲 9.2 吨/公顷，值得注意的是，亚洲单产水平是世界水平的 2.73 倍，是非洲的 3.32 倍。这一方面表明了亚洲在单产方面具有明显优势，另一方面也表明非洲芋头生产技术处于较低水平。

3. 尼日利亚、喀麦隆和加纳为世界芋头主产国

就收获面积而言，2016 年，世界芋头前十国家的收获面积占世界总面积的 92.5%

（尼日利亚 46.8％、喀麦隆 14.5％、加纳 12.1％、中国 5.8％、科特迪瓦 2.8％、卢旺达 2.4％、中非共和国 2.4％、马达加斯加 2.3％、巴布亚新几内亚 2.2％、几内亚 1.2％），其中尼日利亚、喀麦隆和加纳收获面积之和为 1223.5 千公顷，占世界总收获面积的 73.4％，表明世界芋头收获面积高度集中（见表 4-1）。

表 4-1　2010 年、2016 年世界芋头主产国的生产情况　单位：千公顷，万吨

国家	2010 年				2016 年			
	收获面积	占比（％）	产量	占比（％）	收获面积	占比（％）	产量	占比（％）
中国	92.70	6.8	170.73	18	97.47	5.8	188.74	18.6
菲律宾	17.00	1.3	11.08	1.2	15.14	0.9	10.75	1.1
泰国	8.69	0.6	9.00	0.9	10.46	0.6	10.15	1.0
尼日利亚	520.13	38.4	295.71	31.1	781.47	46.8	317.58	31.4
加纳	205.30	15.1	135.50	14.3	200.50	12.1	130.10	12.9
喀麦隆	185.40	13.7	147.00	15.5	241.51	14.5	180.37	17.8
科特迪瓦	58.60	4.3	7.11	0.7	47.10	2.8	5.80	0.6
巴布亚新几内亚	39.0	2.9	26.5	2.8	37.0	2.2	27.4	2.7
马达加斯加	37.31	2.8	23.54	2.5	38.28	2.3	24.19	2.4
中非共和国	37.00	2.7	11.80	1.2	39.42	2.4	12.92	1.3
卢旺达	26.00	1.9	18.60	2.0	40.14	2.4	16.62	1.6
几内亚	14.10	1.0	8.81	0.9	20.64	1.2	13.06	1.3

数据来源：联合国粮农组织（FAO）。

从产量来看，2016 年世界芋头前十国家的产量占世界总产量的 91.5％（尼日利亚 31.4％、中国 18.6％、喀麦隆 17.8％、加纳 12.95％、巴布亚新几内亚 2.7％、马达加斯加 2.4％、卢旺达 1.6％、几内亚 1.3％、中非共和国 1.3％、菲律宾 1.1％），其中前三国产量达 686.69 万吨，占世界的 67.8％，表明产量集中度较高，但是低于收获面积的集中度。

近十多年来，尼日利业一直是芋头收获面积最人的国家，而且远高丁排名第二的喀麦隆。就收获面积而言：2010 年为 520.1 千公顷，占世界总面积的 38.4％；2016 年为 781.5 千公顷，占比 46.8％，较 2010 年上升了 8.4 个百分点。就总产量而言，尼日利亚因面积优势，一直稳居世界芋头产量第一宝座，但产量增加速度远落后于面积的增长速度。2010 年总产量 295.71 万吨，占世界总量的 31.1％；2016 年为 317.6 万吨，占比 31.4％，较 2010 年仅增加了 0.3 个百分点。显然，尼日利亚芋头单产下降严重，2016 年单产仅为 4.1 吨/公顷，低于世界平均水平 6.1 吨/公顷。

喀麦隆芋头的收获面积与产量均呈上升趋势。过去十多年来，喀麦隆芋头的收获面积

一直位列第三，2016 年的收获面积增加到 241.5 千公顷，首次超过了排名第二的加纳。就收获面积而言：2010 年收获面积为 185.4 千公顷，占比 13.7%；2016 年为 241.5 千公顷，占比 14.5%，较 2010 年增加了 0.8 个百分点。就总产量而言：2010 年总产量为 147 万吨，占比 15.5%；2016 年为 180.4 万吨，占比 17.8%，较 2010 年增加了 2.3 个百分点。显然，喀麦隆芋头单产近年来有所上涨，且在非洲地区位列前茅，2016 年单产为 7.5 吨/公顷，高于非洲单产水平。

加纳芋头的收获面积与产量绝对数基本稳定，比值有所下降。从收获面积来看：2010 年收获面积为 205.3 千公顷，占比 15.1%；2016 年收获面积为 200.5 千公顷，占比 12.1%，较 2010 年下降了 3 个百分点。就总产量而言：2010 年为 135.5 万吨，占比 14.3%；2016 年为 130.1 万吨，占比 12.9%，较 2010 年下降了 1.4 个百分点。从上述内容可知，加纳芋头单产变化不大，略有上升，2016 年单产 6.5 吨/公顷，高于非洲单产水平。

二、世界水生蔬菜贸易格局

世界水生蔬菜的贸易包括芋头、荸荠和莲藕。2012～2016 年世界水生蔬菜出口量和进口量整体都呈下降态势。世界水生蔬菜国际贸易出口量由 2012 年的 29.86 万吨下降到 2016 年的 20.84 万吨，整体下降了 30.21%；出口额由 257.9 百万美元下降到 215.9 百万美元，整体下降了 16.29%。2016 年世界水生蔬菜国际贸易进口总量为 20.85 万吨，相比 2014 年最高 25.01 万吨的进口量下降了 16.63%。世界总进口额 2012～2016 年保持在 262.37 百万美元至 284.13 百万美元之间，进口额变化幅度远小于进口量变化幅度见表 4－2。

表 4－2　2012～2016 年世界水生蔬菜贸易情况　　单位：万吨，百万美元

年份	进口量	进口额	出口量	出口额
2012	23.34	270.64	29.86	257.90
2013	21.36	284.13	27.16	255.08
2014	25.01	278.60	24.22	244.61
2015	22.15	278.60	25.93	139.27
2016	20.85	262.37	20.84	215.87

数据来源：联合国商品贸易统计数据库（The United Nations Commodity Trade Statistics Database）。

中国水生蔬菜中，荸荠、芋头、莲藕有一定规模的出口，其他水生蔬菜出口量较小，出口国家主要集中在亚洲和非洲。近年来，中国水生蔬菜出口额一直保持着稳定增长态势。国外水生蔬菜生产以芋头为主，生产区域主要集中在非洲、亚洲。因此本书重点介绍芋头的国际生产与贸易。

（一）世界芋头的贸易

1. 世界芋头贸易量与贸易额反向变化

2012～2016 年，世界芋头总贸易量呈"V"形变化趋势，而贸易额却与之相反（见图 4－3）。就贸易量而言，2012 年为 15.7 万吨，2016 年为 16.6 万吨，增量不明显，年均增长 1.4%，其中 2014 年贸易量为最小值，为 13.8 万吨。就贸易额来看，2012 年为202.1 百万美元，2016 年为 197.2 百万美元，2014 年达到峰值，为 236.8 百万美元。

图 4－3　2012～2016 年世界芋头贸易总量和贸易总额情况

数据来源：联合国商品贸易统计数据库（The United Nations Commodity Trade Statistics Database）。

世界芋头的贸易量与本国消费、市场价格和当年芋头产区的气候有关。结合世界芋头产量和收获面积来看，虽然面积较上年有所上升，但是产量却基本保持不变，受土壤环境的影响，芋头减产，而主产国内部消耗大，从而贸易量相应减少；另外，2014 年芋头国际市场价格上涨，国际交易量也相应下滑。

2. 世界芋头出口贸易高度集中，中国占比 80% 左右

2012～2016 年，世界芋头出口贸易前八国分别是：中国、尼加拉瓜、斐济、哥斯达黎加、洪都拉斯、荷兰、美国和萨摩亚，但是出口占比随时间的变化而变化（见表 4－3）。2012 年世界芋头前八国出口量占世界总出口量的 99%，2016 年下降至 95.4%，下降了 3.6 个百分点。虽然总占比有所下降，但是出口市场依然有明显的集中优势，其中，中国为世界芋头的最大出口贸易国，在世界芋头出口市场占重要地位，2016 年出口量占世界总出口量的 81.6%。

2012～2016 年，尼加拉瓜芋头出口量占比呈下降趋势，且降幅十分明显。2012 年出口 0.65 万吨，占比 7.5%，2016 年上述值下降至零。尼加拉瓜经济落后，是典型的农业国，当地人民生活贫困，而芋头是该国性价比较高的主食替代物，因而芋头由出口转至国内消费。

表4-3 2012年、1014年、2016年世界芋头主要国家出口量及占比情况

单位：万吨,%

国家和地区	2012年		2014年		2016年	
	出口量	占总出口比	出口量	占总出口比	出口量	占总出口比
世界	8.7	100	7.5	100	9.3	100
中国	7.16	82.3	5.06	67.5	7.59	81.6
尼加拉瓜	0.65	7.5	0.57	7.6	0	0
斐济	0.30	3.5	0.39	5.2	0.16	1.7
哥斯达黎加	0.20	2.3	0.51	6.8	0.47	5.1
洪都拉斯	0.19	2.3	0.19	2.5	0.31	3.3
荷兰	0.05	0.6	0.14	1.9	0.07	0.8
美国	0.04	0.5	0.12	1.6	0.15	1.6
萨摩亚	0	0	0.05	0.7	0.12	1.3
八国合计	8.59	99	7.03	93.8	8.87	95.4

数据来源：联合国商品贸易统计数据库（The United Nations Commodity Trade Statistics Database）。

斐济、哥斯达黎加、荷兰芋头出口量均呈先上升后下降的趋势，且占比都较小。斐济变化幅度较大，从2012年的3.5%上增至2014年的5.2%后又下降到2016年的1.7%；哥斯达黎加从2012年的2.3%上升至2014年的6.8%后下降到2016年的5.1%；荷兰出口占比很小，不足2%。

洪都拉斯、美国、萨摩亚芋头出口量均呈上升趋势，美国和萨摩亚变化较明显，洪都拉斯次之。洪都拉斯2012年占比2.3%，2016年为3.3%，增加了1个百分点；美国从2012年的0.5%上升到2016年的1.6%，增加了1.1个百分点；萨摩亚在2012年出口量为零，而在2016年出口量占比上升至1.3%。值得关注的是，非洲三大芋头生产国：尼日利亚、喀麦隆和加纳均没有出现在贸易大国的榜单中，原因是上述国家粮食自给率低，而芋头既可以做粮食又可以做蔬菜，基本在国内消费。

3. 世界芋头进口贸易基本稳定，以日本市场为主

2012~2016年，世界芋头进口贸易前八国分别是：日本、美国、澳大利亚、新西兰、阿拉伯联合酋长国（阿联酋）、新加坡、加拿大、沙特阿拉伯，但是进口占比随时间的变化而发生改变（见表4-4）。2012年世界芋头前八国进口量占世界总进口的94.1%，2016年下降至80.3%，下降了13.8个百分点。虽然总占比有所下降，但进口贸易市场依然有明显的集中优势。其中，日本是世界芋头最大进口国，在世界芋头进口市场占主导地位。2016年日本进口总量3.8万吨，占比47.4%，远高于进口量（6.4%）排名第二的美国。

阿拉伯联合酋长国芋头进口量占比呈上升趋势，且增幅较大。2012年芋头进口量占比4.1%，2016年占比上升至13.6%，增加了9.5个百分点，随着国家的发展，该国对芋头的需求量增加，进口量随之增加。

表4-4　2012年、2014年、2016年世界芋头主要国家进口量及占比情况

单位：万吨,%

国家	2012年		2014年		2016年	
	进口量	进口量占比	进口量	进口量占比	进口量	进口量占比
世界	7.0	100	6.3	100	8.0	100
日本	4.71	67.3	3.70	58.7	3.79	47.4
美国	0.25	3.6	0.19	3.0	0.51	6.4
澳大利亚	0.21	3.0	0.27	4.3	0.26	3.3
新西兰	0.58	8.3	0.44	7.0	0.32	4.0
阿联酋	0.29	4.1	0.52	8.3	1.09	13.6
新加坡	0.21	3.0	0.23	3.7	0.20	2.5
加拿大	0.20	2.9	0.24	3.8	0.25	3.1
沙特阿拉伯	0.13	1.9	0.01	0.2	0	0
八国合计	6.58	94.1	5.6	89	6.42	80.3

数据来源：联合国商品贸易统计数据库（The United Nations Commodity Trade Statistics Database）。

澳大利亚、新加坡、加拿大芋头进口量均呈先上升后下降的态势。澳大利亚芋头进口量占比在3%～4.3%浮动，2014年占比最大，为4.3%；新加坡芋头进口量占比介于2.5%～3.7%，同样在2014年达到最大值，为3.7%；加拿大芋头进口相对稳定，在2.9%～3.8%浮动，在2014年达到最大值3.8%。

新西兰和沙特阿拉伯芋头进口量均呈下降趋势，且下降较大。2012年新西兰芋头进口量占比8.3%，2016年占比下降超过50%，仅为4.0%；2012年沙特阿拉伯芋头进口量占比约为2%，但2016年芋头进口量下降至零。新西兰是高度发达的资本主义国家，在农业技术方面较发达，且一直有少量芋头种植，但国内芋头的口感不佳。多年来，该国通过芋头进口，引进新品种，在国内大量培育，因而对芋头的进口需求逐渐降低；沙特阿拉伯盛产石油，粮食自给率只有20%，需大量从国外进口来满足需求，2016年芋头进口量为零，可能是因为被其他粮食替代物的进口所代替。

（二）世界莲藕及荸荠贸易

莲藕及荸荠主要贸易国分布范围较为集中，主要分布在中国、日本、马来西亚、新加坡等东南亚国家，及美国、加拿大、英国、法国、比利时等欧美国家。其中亚洲是莲藕荸荠进出口贸易的主要市场，中国是莲藕和荸荠的生产大国和出口大国。

1. 世界莲藕及荸荠贸易规模下降

2012～2016年，世界莲藕与荸荠进口量在12.83万吨～18.7万吨，进口量波动明显，近三年进口量呈下降趋势，2016年莲藕及荸荠的进口量为五年来最低水平。2012～2016年，世界莲藕与荸荠的进口额在161.33百万美元到179.44百万美元之间波动。出口贸易方面，莲藕与荸荠的出口额下降趋势明显，由2012年的158.61百万美元下降为2016年

的 109.23 百万美元，下降了 31.56%，年均下降 9.05%（见表 4-5）。世界莲藕及荸荠贸易规模下降，主要原因是荸荠贸易规模下降，因荸荠皮难剥落，美国等荸荠进口大国更加青睐去皮加工后的荸荠，增大了清水马蹄罐头的进口，未经处理的荸荠的贸易规模下降。

表 4-5　2012～2016 年世界莲藕及荸荠贸易情况　单位：万吨，百万美元

年份	进口量	进口额	出口量	出口额
2012	16.34	167.88	21.16	158.61
2013	14.23	179.44	18.88	151.77
2014	18.70	161.33	16.73	125.06
2015	15.29	163.61	18.02	124.18
2016	12.83	162.68	11.52	109.23

数据来源：联合国商品贸易统计数据库（The United Nations Commodity Trade Statistics Database）。

2. 中国、墨西哥是莲藕及荸荠的主要出口国

2016 年世界莲藕及荸荠出口排名前十的国家有中国、墨西哥、西班牙、泰国、法国、秘鲁、哥伦比亚、荷兰、牙买加、巴西。中国在世界莲藕及荸荠出口市场具有绝对支配地位，历年出口额、出口量排名世界第一。2016 年出口总量达到 4.09 万吨，出口金额为 52.73 百万美元，分别占世界莲藕及荸荠出口总量与总金额的 35.50% 与 48.27%（见表 4-6）。

表 4-6　2012 年、2015 年、2016 年世界莲藕及荸荠主要出口国家情况

单位：万吨，百万美元

2012 年			2015 年			2016 年		
国家	出口量	出口额	国家	出口量	出口额	国家	出口量	出口额
中国	4.18	38.61	中国	3.88	48.91	中国	4.09	52.73
牙买加	1.10	21.74	墨西哥	2.83	9.83	墨西哥	3.35	9.83
厄瓜多尔	1.23	12.44	秘鲁	0.09	6.94	西班牙	0.24	5.28
墨西哥	3.42	11.51	沙特阿拉伯	1.85	6.27	泰国	0.60	3.81
加纳	2.08	11.21	西班牙	0.31	5.73	法国	0.17	2.80
斐济	0.62	8.76	越南	0.25	4.38	秘鲁	0.07	2.34
沙特阿拉伯	2.03	7.06	圣文森特和格林纳丁斯	0.60	3.92	哥伦比亚	0.19	2.10
哥斯达黎加	0.48	4.26	泰国	0.55	3.51	荷兰	0.10	2.06
圣文森特和格林纳丁斯	0.66	3.99	哥斯达黎加	0.29	2.85	牙买加	0.09	2.05
巴西	0.29	3.80	斐济	0.16	2.81	巴西	0.14	1.89

数据来源：联合国商品贸易统计数据库（The United Nations Commodity Trade Statistics Database）。

3. 美国是莲藕及荸荠的主要进口国，进口规模呈上升趋势

2016 年世界莲藕与荸荠进口前十位国家分别为美国、英国、马来西亚、新加坡、加拿大、西班牙、日本、法国、德国、新西兰。莲藕及荸荠进口以华人聚居的东南亚与欧美国家为主。其中，美国是世界上最大的莲藕及荸荠进口国，如表 4 - 7 所示，2016 年进口总量达到 5.78 万吨，进口金额达 74.86 百万美元，远高于排名第二的英国。在莲藕及荸荠进口市场中，美国的进口总量与进口金额始终排名第一，2012 年美国莲藕及荸荠进口量占世界总进口量的 32.92%，到 2016 年比重上升到 45.05%；2012 年美国莲藕及荸荠的进口额占世界总进口额的 38.46%，到 2016 年比重上升到 46.02%。可见莲藕及荸荠的进口市场集中度非常高。

表 4 - 7　2012 年、2015 年、2016 年世界莲藕及荸荠主要进口国家情况

单位：万吨，百万美元

2012 年			2015 年			2016 年		
国家	进口量	进口额	国家	进口量	进口额	国家	进口量	进口额
美国	5.38	64.57	美国	6.34	65.57	美国	5.78	74.86
马来西亚	1.76	15.17	马来西亚	1.09	12.30	英国	0.99	12.95
其他亚洲国家或地区	0.87	12.80	英国	0.73	12.18	马来西亚	0.90	11.52
英国	0.64	11.97	新加坡	0.61	9.26	新加坡	0.63	9.38
新加坡	0.67	8.48	比利时	1.11	8.49	加拿大	0.43	7.05
加拿大	0.50	7.29	加拿大	0.47	6.67	西班牙	0.61	6.03
日本	0.25	5.86	沙特阿拉伯	0.64	4.87	日本	0.15	4.77
阿联酋	1.22	4.26	日本	0.19	4.84	法国	0.29	3.97
西班牙	0.43	4.06	法国	0.33	4.62	德国	0.15	3.02
比利时	0.37	3.54	西班牙	0.37	3.68	新西兰	0.19	2.74

数据来源：联合国商品贸易统计数据库（The United Nations Commodity Trade Statistics Database）。

第五章 中国水生蔬菜生产布局与效益

随着人民生活水平的提高、人口流动、文化传播等因素影响，我国水生蔬菜生产规模不断增长，食用消费习惯扩散，生产由南向北传播，水生蔬菜占蔬菜比重持续攀升，产业地位逐步提升。

一、中国水生蔬菜生产规模

中国水生蔬菜2006年播种面积为373.2千公顷，2012年增长到393.4千公顷（见表5-4），增长了5.41%，年平均增长1.06%。2016年中国水生蔬菜播种面积激增到918.1千公顷，比2012年增加了524千公顷，增长了133%，2012~2016年平均每年增长23.6%。2016年全国蔬菜种植面积为22328千公顷，全国水生蔬菜种植面积占蔬菜总种植面积的4.11%，较2006年水生蔬菜占比增加了2.06个百分点。2006年水生蔬菜占蔬菜总种植面积比仅为2.05%。2006~2016年中国水生蔬菜呈两阶段发展：2006~2012年为缓慢增长期，2012~2016年为快速增长期（见图5-1）。

表5-1 2006~2016年中国水生蔬菜生产规模

年份	面积（千公顷）	产量（万吨）	单产（吨/公顷）
2006	373.2	1018.4	27.29
2008	359.4	992.5	27.62
2009	362.8	1040.0	28.67
2010	369.1	1077.1	29.12
2011	386.6	1150.1	29.75
2012	393.4	1148.4	29.20
2016	918.1	3443.2	37.50

注：2007年、2013年、2014年、2015年无年鉴数据。

数据来源：2006~2012年数据来自《中国农业年鉴》，2016年数据来自国家特色蔬菜产业技术体系产业经济研究室调查整理。

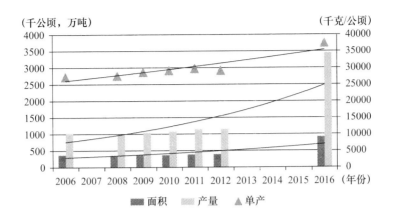

图 5 - 1　2006~2016 年中国水生蔬菜生产规模

从总产量看，2006 年中国水生蔬菜总产量为 1018.4 万吨，2012 年增长到 1148.4 万吨，增长了 12.77%，平均年增长 2.43%。2016 年中国水生蔬菜产量激增到 3443.2 万吨，比 2012 年增加了 2294.8 万吨，增长了 200%，平均年增长 31.59%。产量增长快于面积增长，主要源于单产水平的提高。

从单产看，2006 年中国水生蔬菜单产为 27.29 吨/公顷，2012 年增长到 29.20 吨/公顷，增长了 6.99%，年平均增长 1.36%。2016 年中国水生蔬菜单产增长到 37.50 吨/公顷，2012~2016 年每公顷增加了 0.83 吨，增长了 28.4%，平均每年增长 6.46%。可见单产水平自 2012 年后迅猛提升。

中国水生蔬菜自 2012 年发展速度提升，一方面是产品需求增长刺激生产，效益高促使农民扩种，另外"十二五"期间国家科技支撑计划"水生蔬菜高效生产技术研究与示范"促进中国水生蔬菜在技术上有了迅猛发展，育种技术的突破、品种的改良、生产标准的制定等带动产业迅速发展。

（一）中国水生蔬菜生产布局

2016 年我国水生蔬菜主产省份中，除四川、河南、云南外，其他各省种植面积和产量都有大幅度增长。种植面积居全国前五位的省份是湖北、江苏、山东、安徽、广西，产量居全国前五位的省份是湖北、江苏、广西、湖南、安徽（见表 5 - 2）。种植面积和产量排名前五位的省份存在一定差异，主要原因是水生蔬菜品种种植结构的差异。

（二）中国水生蔬菜生产集中度

2016 年全国水生蔬菜总种植面积为 918.1 千公顷，主产省份有湖北、江苏、山东、安徽、广西、湖南、江西、福建、浙江、重庆、四川、河南、云南 13 个主产省份。其中湖北与江苏两省的种植面积均超过 100 千公顷，种植面积前四的省份超过 70 千公顷，排名前七的省份种植面积均超过 60 千公顷。而排名前 2 位、前 4 位和前 7 位主产省种植面

表 5 - 2 2006 年与 2016 年我国水生蔬菜主产省份生产情况

单位：千公顷，万吨

地区	2006 年		2016 年	
	种植面积	总产量	种植面积	总产量
全国总计	373.2	1018.4	918.1	3443.2
湖北	61.4	181.3	133.3	425.4
江苏	43.6	123.4	100.1	257.83
山东	14.8	58.7	80.0	217.0
安徽	21.0	51.3	77.3	220.1
广西	24.0	51.4	66.5	225.3
湖南	20.9	53.2	64.6	220.7
江西	12.9	42.1	63.0	74.5
福建	10.3	23.0	57.4	202.4
浙江	36.9	87.1	53.5	122.2
重庆	9.3	20.7	44.0	128.0
四川	30.7	70.6	35.4	96.2
河南	33.9	123.0	23.3	98.3
云南	8.9	21.3	10.3	26.8

数据来源：2006 年数据来源于《中国农业统计资料》；2016 年数据由国家特色蔬菜产业技术体系产业经济研究室调查数据整理。

积总和分别为 233.4 千公顷、390.7 千公顷、584.76 千公顷，测算的 CR_2 数值为 25.42%，CR_4 数值为 42.56%，CR_7 数值为 63.69%。从 CR_n 的数值观察，全国水生蔬菜生产布局有一定的区域特性，但集中度不是很高，并且呈现扩散的趋势（见表 5 - 3）。例如，在北方如山东、河北出现了与粮争地、与果菜争地的现象。

表 5 - 3 2016 年全国水生蔬菜生产集中度（种植面积） 单位：千公顷，%

选取指标	排名前 n 位省份水生蔬菜种植面积总和	全国总种植面积	CR_n 数值
CR_2	233.4	918.1	25.42
CR_4	390.7	918.1	42.56
CR_7	584.8	918.1	63.69

数据来源：由国家特色蔬菜产业技术体系产业经济研究室调查整理计算。

水生蔬菜产量集中度如表 5 - 4 所示，2016 年全国水生蔬菜总产量为 3443.23 万吨，排名前八的省份有湖北、江苏、山东、安徽、广西、湖南、江西、福建。排名前 2 位、前 4 位和前 7 位主产省份产量总和分别为 683.23 万吨、1120.33 万吨、1640.83 万吨，测算的 CR_2 数值为 19.84%，CR_4 数值为 32.54%，CR_7 数值为 47.65%。产量集中度小于种植面积集中度，说明种植大省的单产相比其他省份优势并不明显。

表 5 - 4 2016 年全国水生蔬菜产量集中度（产量） 单位：万吨，%

选取指标	排名前 n 位省份水生蔬菜产量总和	全国总产量	CR_n 数值
CR_2	683.23	3443.23	19.84
CR_4	1120.33	3443.23	32.54
CR_7	1640.83	3443.23	47.65

数据来源：由国家特色蔬菜产业技术体系产业经济研究室调查整理计算。

二、不同品种的水生蔬菜生产情况

中国水生蔬菜包括莲藕、荸荠、芋头、茭白、芡实、菱角、水芹、慈姑、蕹菜、豆瓣菜、蒌蒿、蒲菜、莼菜等，品种众多。中国水生蔬菜生产以莲藕、荸荠、芋头、茭白为主，其中莲藕的种植面积占水生蔬菜总面积的 70% 左右，莲藕的产量占水生蔬菜总产量的 70% 左右，其他水生蔬菜总共占 30%。

（一）莲藕的生产布局

《中国农业年鉴》的统计数据显示，2006 年中国莲藕播种面积为 254.8 千公顷，2012年增长为 275.8 千公顷（见表 5 - 5），增长了 8.24%，年平均增长 1.6%，增长缓慢。2006 年中国莲藕总产量为 721.9 万吨，2012 年增长为 841.2 万吨，增长了 16.5%，年平均增长 3.11%。产量增长大于面积增长。2006 年到 2012 年莲藕单产水平从 28.33 吨/公顷增长到 30.50 吨/公顷，增长了 7.64%，年平均增长 1.48%。可见，2006~2012 年莲藕生产平稳增长，产量稳步提升。2016 年，全国栽培面积超过 400 千公顷，其中主产省份种植面积达 374.41 千公顷，相比 2006 年增长 87.95%。

表 5 - 5 2006~2012 年中国莲藕生产规模

年份	面积（千公顷）	产量（万吨）	单产（吨/公顷）
2006	254.8	721.9	28.33
2008	249.1	711.6	28.57
2009	252.9	749.9	29.65
2010	254.0	767.1	30.21
2011	257.0	812.0	31.60
2012	275.8	841.2	30.50

数据来源：《中国农业年鉴》（2007~2013）。

水生蔬菜中分布最广的是莲藕。2006 年中国莲藕按照播种面积排名依次是：湖北、河南、江苏、四川、广西、湖南、广州、山东、安徽，以上 9 个省份莲藕播种面积均超过 10 千公顷。主要分布区域是长江中下游、黄河流域及西部地区。主产区占全国莲藕播种面积的 97%，产量占全国莲藕总产量的 97%。2016 年中国莲藕播种面积超过 30 千公顷的省或自治区依次是：湖北、江苏、山东、安徽、湖南、广西、四川，共计 7 个省份。分布于长江中下游、黄河流域及西部地区。其他省份莲藕播种面积均低于 30 千公顷，重庆 16.0 千公顷、浙江 10.33 千公顷、江西 3.33 千公顷、福建 7.22 千公顷（见表 5 - 6）。

表 5 - 6　2006 年与 2016 年中国莲藕生产布局

	2006 年			2016 年					
	面积 （千公顷）	产量 （万吨）	单产 （千克/公顷）	面积 （千公顷）	增长 （%）	产量 （万吨）	增长 （%）	单产 （千克/公顷）	增长 （%）
全国总计	254.8	721.9	28332	—	—	—	—	—	—
湖北	48.2	152.5	31632	98.8	104.98	240	57.38	36474	15.31
河南	32.1	116.1	36163	—					
江苏	31.1	86.6	27852	62.61	101.32	167.8	93.76	26801	-3.77
四川	26.1	63.5	24337	31.59	21.03	86.15	35.67	27271	12.06
广西	18.2	39.1	21461	32.00	75.82	108	176.21	33750	57.26
湖南	17.2	36.1	21017	30.99	80.17	116.2	221.88	37496	78.41
广东	14.6	34.4	23590	—	—	—	—	—	—
山东	12.5	52.2	41739	53.33	326.64	135	158.62	25314	-39.35
安徽	10.8	30.7	26618	40.00	270.37	120	290.88	30000	12.71
江西	9.0	23.0	25561	3.33	—63.00	12.5	-45.65	37538	46.85
重庆	8.6	19.1	22173	16.00	86.05	48	151.31	30000	35.30
浙江	6.6	17.8	27008	10.33	56.52	27.9	56.74	27009	0.00
云南	6.2	14.3	23092	—					
陕西	4.6	12.9	27990	—					
福建	2.3	6.1	26618	7.22	213.91	7.28	19.34	10083	-62.12%
主产区总计	248.1	704.4	—	353.2	—	1068.8	—		

数据来源：2006 年数据来自《中国农业统计资料》，2016 年数据由国家特色蔬菜产业技术体系产业经济研究室调研整理。

2006 ~ 2016 年，大部分主产区莲藕生产规模不断扩大，但江西莲藕面积出现萎缩，原因是江西省生产结构改变，2016 年主产子莲和芋头。莲藕种植规模增长最快的省份依次是山东、安徽、福建、江苏。

山东播种面积由 2006 年的 12.5 千公顷增长到 2016 年的 53.33 千公顷，增长 326%，增长迅速；产量由 2006 年的 52.2 万吨增长到 2016 年的 135 万吨，增长 158%。值得注意的是，山东单产水平下降严重，2006 年山东莲藕单产水平为 41.74 吨/公顷，是全国最高水平，比全国平均水平的 28.33 吨/公顷高 47%。发展到 2016 年，山东莲藕单产水平降为 25.31 吨/公顷，远落后于其他省份。

安徽莲藕种植面积由 2006 年的 10.8 千公顷增长到 2016 年的 40 千公顷，增长 270%，一跃成为全国莲藕第四大生产省份。产量由 30.7 万吨增长到 120 万吨，增长 290%。单产水平提高 12.71%。单产水平位列全国第四。

福建莲藕种植面积较小，2000 年为 2.3 千公顷，2016 年增长为 7.22 千公顷，增幅 213%，增长速度迅猛。但目前福建水生蔬菜种植中最主要的是子莲。

江苏莲藕种植面积由 2006 年的 31.3 千公顷增长到 2016 年的 62.61 千公顷，由排名第三跃升为排名第二。产量由 86.6 万吨增长到 167.8 万吨，增幅达 93.76%。但单产水平略有降低，由 27852 千克/公顷降低为 26.80 吨/公顷。

子莲全国栽培面积 100 千公顷。湖北 40 千公顷，面积最大，其中武汉江夏区子莲达 6.7 千公顷；江西 33.3 千公顷，其中广昌种植太空莲 5.3 千公顷；湖南 10 千~13.3 千公顷，福建 6.7 千~10 千公顷。

（二）茭白的生产布局

茭白是我国特有的水生蔬菜，栽培面积较广，以江浙的太湖流域栽培最多。2016 年全国茭白种植面积超过 66 千公顷，其中浙江、安徽、湖南、福建、江西、广西等主产省份达 59.77 千公顷，年经济效益 30 多亿元。

表 5-7　2016 年中国茭白主产省份种植面积与产量

省份	种植面积（千公顷）	产量（万吨）
浙江	27.00	111.38
安徽	13.33	40.00
湖南	7.85	23.56
福建	6.30	1.48
江苏	2.96	9.70
江西	1.33	3.00
重庆	0.67	2.00
广西	0.33	0.50
主产省份总计	59.77	191.62

数据来源：由国家特色蔬菜产业技术体系产业经济研究室根据调研整理。

浙江是茭白生产第一大省，茭白种植面积、产量居全国首位；茭白产量和面积在全国的比重约为 50%。2016 年浙江茭白种植面积为 27 千公顷，产量为 111.38 万吨（见表 5-7），浙江茭白种植面积占全省水生蔬菜种植面积的 69%，占全省蔬菜种植面积的

17.59%，已成为浙江农村经济发展的一大支柱产业。

浙江茭白主要分布在丽水（缙云、景宁、庆元等）、台州（黄岩、温岭、临海等）、嘉兴（桐乡、南湖、嘉善等）、宁波（余姚、鄞州等）、绍兴（嵊州、上虞、新昌等）、金华（磐安、婺城等）、杭州（余杭、桐庐等）、湖州（德清、吴兴等）、温州（文成、乐清等）、衢州（衢江）等地。其中，丽水缙云县、台州市黄岩区、余姚市、桐乡市、新昌县的面积较大，五个地区的茭白种植面积占全省茭白种植面积的42%。其中，丽水的缙云县是中国茭白规模最大的地区，缙云茭白种植面积2016年达4.01千公顷，产量达10万吨（见表5-8），缙云县茭白种植面积占全省种植面积的14.83%，产量占全省茭白产量的10%左右；缙云从事茭白产业的农民超过2.5万人。浙江茭白生产第二大基地是台州市的黄岩区，该地区的茭白种植面积为3.6千公顷，以设施茭白为特色。

表5-8　2016年我国茭白主要生产基地情况

排名	省份	主要产区	种植面积（千公顷）
1	浙江	缙云县	4.01
2	安徽	岳西县	3.78
3	浙江	黄岩区	3.60
4	浙江	余姚市	2.00
5	湖南	常德市	1.51
6	湖南	益阳市	0.91
7	浙江	桐乡市	0.90
8	湖南	岳阳市	0.86
9	江苏	淮安市	0.83
10	浙江	新昌县	0.87

数据来源：由国家特色蔬菜产业技术体系产业经济研究室根据调研整理。

安徽茭白种植面积居全国第二位，2016年茭白种植面积达13.3千公顷，产量为40万吨。安徽茭白种植面积在安徽水生蔬菜中的规模仅次于莲藕，占全省水生蔬菜种植面积的17.24%，占全省蔬菜种植面积的2.17%。安徽茭白生产主要集中在岳西县，岳西县茭白种植面积为3.78千公顷，2017年岳西茭白被评选为中国名特优产品。

湖南茭白种植面积位居全国第三，主要分布在常德市、益阳市和岳阳市。2016年湖南省茭白种植面积为7.85千公顷，湖南茭白种植面积占全省水生蔬菜面积的12.17%，占全省蔬菜种植面积的0.57%。湖南茭白种植规模最大的三个地区分别是：常德市茭白种植面积为1.51千公顷，益阳市为0.91千公顷，岳阳市为0.86千公顷（见表5-7、表5-8）。

（三）荸荠的生产布局

2016年我国荸荠种植面积约50千公顷，主要分布在广西、安徽、湖北、江西、重庆、浙江、福建等。2016年主产省份种植面积达44.46千公顷，总产量为128.16万吨（见表5-9），主产省份种植面积和产量占全国总面积、总产量的90%左右。

表 5 - 9　2016 年中国荸荠主产省份种植面积与产量

省份	种植面积（千公顷）	产量（万吨）
广西	20.00	75.00
安徽	10.00	20.00
湖北	5.00	13.00
江西	4.00	9.00
重庆	2.00	5.00
浙江	1.53	2.84
江苏	1.07	1.60
福建	0.86	1.72
主产省份总计	44.46	128.16

数据来源：由国家特色蔬菜产业技术体系产业经济研究室根据调研整理。

　　广西是我国荸荠生产第一大产地，素有"世界荸荠看中国，中国荸荠看广西"的说法。2016 年种植面积为 20 千公顷，约占全国的 44.98%；产量 75 万吨（见表 5 - 9）。广西荸荠种植面积占全区水生蔬菜种植总面积的 30%，占全区蔬菜种植面积的 2.36%。广西荸荠主要集中在桂林市，最大的生产基地主要有荔浦、平乐和贺州八步，种植面积共 8 千公顷（见表 5 - 10），其中荔浦荸荠闻名中外，2009 年荔浦县荸荠生产获国家荸荠标准化生产示范县称号，2010 年荔浦荸荠获农业部地理标志农产品。以荔浦荸荠为主要原料可做成马蹄罐头、马蹄饮料、马蹄果脯、马蹄糖果、马蹄粉、马蹄糕等方便食品。

表 5 - 10　2016 年我国荸荠主要生产基地情况

排名	省份	主要产区	种植面积（千公顷）
1	广西	桂林（荔浦、平乐、贺州八步）	8.00
2	湖北	武汉黄陂区	5.62
3	江西	南昌县、丰城区	4.00
4	安徽	无为县	2.67
5	湖北	孝感市	0.53

数据来源：由国家特色蔬菜产业技术体系产业经济研究室根据调研整理。

　　安徽是我国荸荠生产第二大省，2016 年荸荠种植面积为 10 千公顷，产量为 20 万吨（见表 5 - 9）。安徽荸荠种植面积占全省水生蔬菜种植总面积的 12.93%，占全省蔬菜种植总面积的 1.63%。安徽荸荠种植主要分布在巢湖市内的无为县、庐江县、和县，其中无为县荸荠种植面积为 2.67 千公顷（见表 5 - 10）。

　　湖北荸荠种植面积达 5 千公顷，产量 13 万吨（见表 5 - 9），湖北荸荠种植面积占全省水生蔬菜面积的 3.75%。湖北荸荠以黄坡荸荠、孝感荸荠最著名。武汉黄陂区 2016 年荸荠种植面积达 5.62 千公顷，年产量达 1.68 万吨，是全国荸荠主产区之一，年产值超 3 亿元，是国家地理标志产品，黄陂荸荠因其独特的口感和营养，成为明清时期朝廷贡品。孝感市 2016 年荸荠种植面积为 0.53 千公顷，年产量 1 万吨左右（见表 5-10），畅销武汉、信阳等地，经加工出口美国、加拿大，市场前景十分广阔。

（四）芋头的生产布局

联合国粮农组织数据显示，中国芋头的收获面积与产量以相同的趋势平稳增长（见图 5-2）。从收获面积来看，1996~2016 年，绝对值有所增加，但比重有所下降：2016 年收获面积为 97.5 千公顷，占世界总面积的 5.8%；而 1996 年收获面积为 79.5 千公顷，占比 6.8%。从产量上来看，绝对产量增加明显，比值降幅较大：1996 年总产量为 138.7 万吨，占比 21.3%；2016 年为 188.7 万吨，占比 18.6%，下降了 2.7 个百分点。尽管种植面积和产量比重均有所下降，但是单产在世界依然位居第一，且呈波动上升态势。1996 年单产水平为 17.5 吨/公顷，2016 年为 19.4 吨/公顷，为世界单产水平的 3.2 倍（注：FAO 数据库中国芋头生产数据偏小）。

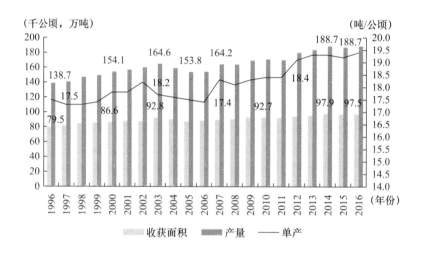

图 5-2 1996~2016 年中国芋头种植面积、产量和单产情况

数据来源：联合国粮食及农业组织（FAO）官网。

调研数据显示，2016 年主产省份有福建、湖南、山东、江西、江苏、广西、浙江、重庆、安徽、四川，种植面积总计 117.91 千公顷，总产量为 335.26 万吨（见表 5-11）。其中生产面积最大的省份是福建，福建以魁芋（槟榔芋）为主。2016 年福建芋头种植面积达 30.11 千公顷，产量 69.21 万吨。福建芋头种植面积占全省水生蔬菜种植面积的 31.24%，占全省蔬菜种植面积的 5.88%，芋头在福建蔬菜种植中占有重要地位。福建芋头以福鼎槟榔芋著称，2016 年福鼎槟榔芋种植面积为 1.33 千公顷（见表 5-12），产值超 1.55 亿元，福鼎槟榔芋产业从业人员达 1.5 万人。

表 5 – 11 2016 年主产省份芋头的种植面积与产量

省份	种植面积（千公顷）	产量（万吨）
福建	30.11	69.21
湖南	21.07	66.38
山东	20.00	78.00
江西	13.33	40.00
江苏	8.82	19.85
广西	8.00	24.00
浙江	5.67	8.84
重庆	4.67	12.00
安徽	3.33	10.00
四川	2.91	6.98
总计	117.91	335.26

数据来源：由国家特色蔬菜产业技术体系产业经济研究室根据调研整理。

表 5 – 12 2016 年我国芋头主要生产基地情况

省份	主要产区	种植面积（千公顷）
江西	上饶（红芽芋）	13.3
湖南	永州	9.80
山东	烟台	6.66
江苏	泰州	5.33
湖南	郴州	4.44
山东	青岛	4.00
广西	桂林（荔浦、贺州八步）	3.33
山东	威海	2.67
浙江	永康	2.00
福建	福鼎（槟榔芋）	1.33

数据来源：由国家特色蔬菜产业技术体系产业经济研究室根据调研整理。

　　芋头产量排名第一的省份是山东。山东以多子芋为主，2016 年山东芋头种植面积为 20 千公顷，产量 78 万吨。山东芋头种植面积占全省水生蔬菜种植面积的 25%，占全省蔬菜种植面积的 1% 左右。山东芋头种植主要分布于胶东半岛，即烟台、青岛、威海。2016 年烟台芋头种植面积为 6.66 千公顷，青岛种植面积为 4 千公顷，威海种植面积为 2.67 千公顷，总计 13.33 千公顷，占全省芋头种植面积的 66.65%。

　　湖南芋头种植面积排名第二。2016 年种植面积为 21.07 千公顷，产量为 66.38 万吨。湖南芋头种植面积占全省水生蔬菜种植面积的 32.64%，占全省蔬菜种植面积的 1.53%。芋头在湖南水生蔬菜生产中占据重要地位，规模仅次于莲藕。湖南芋头主要是槟榔芋，分布于永州和郴州，其中永州芋头种植面积为9.80千公顷，郴州芋头种植面积为4.44千公顷。永州市江永香芋历史悠久，是久负盛名的优质农产品，江永香芋以含糖量高而得名，是国家地理标志农产品，江永有"中国香芋之乡"之称。

江西芋头种植面积仅次于山东省，排名第四。2016年江西芋头种植面积为13.33千公顷，产量40万吨。江西省芋头种植面积占全省水生蔬菜总面积的21.16%，占全省蔬菜种植面积的2.28%，芋头是江西水生蔬菜中除子莲外规模最大的品种。江西芋头主要分布在上饶市，2016年上饶市红芽芋种植面积达13.3千公顷，占全省芋头种植面积的33.25%。上饶铅山红芽芋最为著名，铅山红芽芋种植历史可追溯至明万历年间，《上饶市农业志》记载："红芽芋产于铅山县紫溪乡，因其芋叶下面靠近芋头的芽色泽呈红色而得名。此芋品质好，淀粉多香味浓，容易煮烂，个头大小均匀，形状规则，含多种矿物元素和多种氨基酸，是芋类中的珍品。"铅山红芽芋也为农产品地理标志产品。目前，全县种植铅山红芽芋的地区主要分布在紫溪、武夷山、陈坊、湖坊、石塘、稼轩、永平、葛仙山、鹅湖、汪二、新滩、河口、虹桥13个乡镇，种植面积常年稳定在5.3千公顷以上，2016年全县红芽芋种植面积达6.7千公顷，年总产量达15万吨，产值5亿元以上，农民年均增收逾1000元以上，成为农民增收致富的特色优势产业。

江苏泰州芋头因"舌尖上的中国"声名大噪。泰州芋头种植面积达5.33千公顷，主要有兴化龙香芋、靖江香沙芋、泰兴香荷芋、姜堰紫荷芋等。泰州为促进芋头产业发展成立芋头产业发展协会，对种植面积超过200亩的地区，相关部门给予每亩1000元的补贴。泰州芋头做出的食品品类多样，有芋头酥、芋泥、香芋条、芋头麻薯（糍）、芋头条、芋圆、芋头丝、火锅芋头粉、芋头果味粉、芋头罐头、芋头脆片、芋头豆腐乳、槟榔芋条、芋头布丁粉、魔芋粉等，约30个品种。产品形状各异，有圆形、方形、条状、丝状、粉末状等，成为泰州特色。

广西芋头闻名中外，主要集中在桂林的荔浦、贺州八步，2016年种植面积达3.33千公顷。芋头里最好吃的为荔浦芋，其肉质细腻，具有特殊的风味。同时个头大，芋肉白色、口感松软、品质上等；剖开芋头可见芋肉布满细小红筋，类似槟榔花纹，栽培学称之为槟榔芋。清朝康熙年间就被列为广西首选贡品，于每年岁末向朝廷进贡，2008年北京奥运会指定专用芋头。荔浦芋原为野生芋，后由于应用了生物工程技术，精心挑选，通过对荔浦芋进行提纯复壮，改善荔浦芋品质，现所生产的种苗不仅保持了原来荔浦芋的品位，还大大增加产量，平均亩产已达2500公斤，最高亩产3300公斤，品质特优。

（五）其他水生蔬菜区域布局

（1）蕹菜。在全国各地都有栽培。主产区集中在珠江流域和长江流域，黄淮流域及其以北地区亦有一定量的栽培，2016年福建蕹菜播种面积为51.6千公顷，蕹菜产量108.81万吨，是生产规模最大的省份。另外，江西吉安、广西灵山、重庆万州等都是蕹菜的特色产区。

（2）芡实。全国栽培面积约18千公顷，主要栽培地区有江苏、江西、山东、湖北、湖南、广东、安徽等，其中江西余干县、江苏省洪泽县栽培面积较大。2009 年洪泽县芡实种植面积达到 1.3 千公顷，涉及全县 12 个乡镇、20 多个村、400 多农户。2016 年江西芡实种植面积为 6.7 千公顷、安徽为 6.7 千公顷、山东为 3 千公顷。

（3）慈姑。全国栽培面积为 6.7 千公顷，主要在江苏、浙江、广东、广西及山东等地栽培，其中栽培面积较大的地区有江苏宝应、广西柳州等。山东慈姑在微山湖区种植面积为 800 公顷，东平湖区栽培面积为 500 公顷。

（4）菱角。在长江中下游地区多有栽培，如浙江嘉兴，江苏姜堰，湖北洪湖、汉川、蔡甸、江夏等地都有一定面积种植。20 世纪 80～90 年代曾经大力发展人工种植，最大面积达到近 3.4 千公顷，年产 3000 吨，近 20 年来种植面积大大减少，微山湖栽培菱角面积在 460 公顷左右。

（5）水芹。目前主要在长江三角洲种植并消费。水芹全国栽培面积 2.67 万公顷，栽培地区主要集中在长江中下游地区的江苏、安徽等地及海南等，其中江苏水芹为 2 万公顷。

（6）其他类。莼菜栽培面积较大的地区有湖北利川、重庆石柱、四川雷波等。豆瓣菜的栽培地区主要集中在广东、广西、海南等南方地区。蒲菜的种植面积较小，江苏淮安、云南建水等有少量种植。蒌蒿栽培地区主要集中在江苏南京、云南昆明、湖北武汉、荆州等地。

水生蔬菜区域布局情况见表 5－13 和表 5－14。

表 5－13　2016 年中国水生蔬菜种植面积　　　　　　　　单位：千公顷

省份	水生蔬菜	莲藕	荸荠	芋头	茭白	芡实	菱角	水芹	慈姑	蕹菜	豆瓣菜	藜蒿	蒲菜	莼菜	藤菜	子莲
湖北	133.3	98.8	5													40
河南	23.3															
江苏	105.76	62.61	1.07	8.82	2.96	9.57	5.12	6.88	8.20				0.37	0.20		
四川	35.43	31.59		2.91												
广西	66.53	32.00	20.00	8.00	0.33			1.00	2.33	2.53	1.00					
湖南	64.55	30.99		21.07	7.85							4.63				13.00
山东	80.00	53.33		20.00		3.00	2.67									
安徽	77.33	40.00	10.00	3.33	13.33	6.67	1.33	1.33	1.33							
江西	63.00	3.33	4.00	13.33	1.33	6.67	0.00	0.33		0.67						33.33
重庆	44.00	16.00	2.00	4.67	0.67									1.33	19.33	
浙江	47.67	10.33	1.53	5.67	27.00	0.15	1.33	0.20	0.41	2.33				0.15		
云南	10.30															
福建	96.38	7.22	0.86	30.11	6.30					51.59						10.00

数据来源：由国家特色蔬菜产业技术体系产业经济研究室调研整理。

表 5-14　2016 年中国水生蔬菜产量　　　　　　　　　　　单位：万吨

省份	水生蔬菜	莲藕	荸荠	芋头	茭白	芡实	菱角	水芹	慈姑	蒌蒿	豆瓣菜	蒌蒿	蒲菜	莼菜	藤菜	子莲
湖北		240														
江苏	257.83	167.8	1.6	19.85	9.7	1.12	3.86	41.2	12				0.7			
四川	96.16	86.15		6.98												
广西	225	108	75	24	0.5			1.5	4.27	7.6	4.12					
湖南	220.76	116.2		66.38	23.56							14.59				
山东	217	135		78		0.1	2									
安徽	220	120	20	10	40	0.3	2	10	2							
江西	74.5	12.5	9	40	3	1		1		3						5
重庆	128	48	5	12	2									3		
浙江	161.05	27.9	2.84	8.84	111.37	0.0112	1.4	1.38	0.86	6.18				0.27		
福建	202.35	7.28	1.72	69.21	1.48					108.81						

数据来源：由国家特色蔬菜产业技术体系产业经济研究室调研整理。

三、中国水生蔬菜成本与收益

生产者的收益＝产出－投入；产出＝产量×价格；投入＝土地成本＋基础建设成本＋农药化肥＋种子种苗＋人工＋灌溉＋收割＋农机＋其他成本（融资、代工费用、储存成本等）。在这些要素中，成本可控，产量可控；售价不可控。目前主要靠增加产量、降低成本来提高收益。

水生蔬菜生产成本主要包括人工成本、物质与服务费用。测算结果显示水生蔬菜的人工成本占总成本比重最高（注：计算数额均为每亩的成本与效益）。

（一）莲藕生产成本与效益分析

1. 全国莲藕生产成本与效益分析

2017 年莲藕利润有所下降。2017 年，全国莲藕每亩产量为 2113.17 公斤，每亩现金收益为 1726.34 元，同比 2016 年产量和现金收益分别下降 1.8% 和 30.68%。现金收益下降的主要原因是成本增加、价格下降。2017 年生产莲藕的亩均现金成本出现了一定程度的上升，涨幅 6.72%，其中雇工费用增幅较大，达到 13.54%；物质与服务费用增长 4.91%，土地流转租金略有下降。2017 年的莲藕产品售价继续下降，每 50 公斤主产品平均出售价格下降了 6.43%。成本提高而售价下滑，导致了现金收益下滑（见表 5-15）。

表5-15　2016~2017年莲藕全国生产成本与收益情况

调查内容	2016年	2017年	2017年同比增加（%）
每亩主产品产量（公斤）	2151.99	2113.17	-1.80
每亩主产品产值（元）	6276.10	5766.68	-8.12
每亩现金成本收益率（%）	65.78	42.73	-35.04
每亩现金收益（元）	2490.23	1726.34	-30.68
每亩现金成本（元）	3785.87	4040.34	6.72
每亩物质与服务成本（元）	1877.36	1969.57	4.91
每亩雇工费用（元）	1250.09	1419.30	13.54
每亩土地流转租金（元）	658.42	651.48	-1.05
每50公斤主产品平均出售价格（元）	145.82	136.45	-6.43
每50公斤主产品现金成本（元）	87.96	95.60	8.68
每50公斤主产品现金收益（元）	57.86	40.85	-29.40

数据来源：2017年12月国家特色蔬菜产业技术体系产业经济研究室及各基地调研整理，2016年有效样本容量为68个，2017年有效样本容量为84个。

2. 不同生产模式成本与效益分析

湖北莲藕—藕带模式。莲藕—藕带生产模式是湖北最常见的生产模式之一，莲藕和藕带之间的产量可以相互调节，生产者根据当年莲藕和藕带的价格调整莲藕和藕带的产量，以获得最大的收益。莲藕—藕带生产模式下，商品藕亩产可达1500公斤，藕带产量可达100~150公斤。藕带价格高，批发价格在20元/公斤左右。该模式每亩总成本为3717元，纯收益为2833元，成本纯收益率为77.56%。

江苏莲藕—龙虾套养模式。近三年莲藕价格持续下降，为增加收益农民自发探索莲藕—龙虾套养。该模式下，莲藕产量为每亩1500公斤，小龙虾每亩产量55公斤，莲藕每亩产值2700元，小龙虾产值3300元。每亩总成本2980元，纯收益3020元，成本纯收益率为101.34%，增收效果明显。

安徽莲藕—种藕模式。商品藕每亩产量达到2000公斤，平均出售价格为2.5元/公斤。种藕产量400公斤，平均出售价格为2元/公斤。每亩总成本为4500元，纯收益是1300元，成本纯收益率为28.89%（见表5-16）。

表5-16　2017年莲藕生产成本与效益情况

调查内容	单位	湖北莲藕—藕带	安徽莲藕—藕种	江苏莲藕—龙虾
一、每亩成本与收益				
1. 每亩产品产量	公斤	1500	2000	1500
2. 每亩副产品产量	公斤	150	400	55
3. 每亩总产值合计	元	6600	5800	6000
主产品产值	元	3600	5000	2700

调查内容	单位	湖北莲藕—藕带	安徽莲藕—藕种	江苏莲藕—龙虾
副产品产值	元	3000	800	3300
4. 平均出售价格				
主产品平均出售价格	元/公斤	2.4	2.5	1.8
副产品平均出售价格	元/公斤	20	2	60
5. 总成本	元	3717	4500	2980
6. 净产值	元	5383	3900	5120
7. 纯收益	元	2833	1300	3020
8. 成本纯收益率	%	77.56	28.89	101.34
二、每亩物质与服务费用	元	1217	1900	880
三、每亩人工成本	元	1500	2000	1200
四、每亩土地成本	元	1000	600	900

数据来源：国家特色蔬菜产业技术体系产业经济研究室根据对湖北武汉水生物所、扬州大学园艺与植物保护学院、合肥综合试验站、莱芜综合试验站、遵义综合试验站的调研数据整理。

（二）子莲生产成本与效益分析

由于子莲采摘必须人工，采摘期均在半夜，因此子莲的生产大多数是一家一户分散生产，采收期家庭采摘为主，大面积采摘时一般雇佣劳动力或与其他种植户互助。

1. 江西子莲—种藕模式

江西子莲—种藕模式下主产品是子莲，副产品是种藕。该种模式，每亩产子莲85公斤，平均出售价格为70元/公斤，每亩纯收益为3040元，成本纯收益率为51.44%；总成本为5910元，其中人工成本4760元，以家庭用工为主（见表5-17）。

表5-17 2017年江西子莲—种藕成本与收益表

调查内容	单位	数值
一、每亩成本与收益		
1. 每亩主产品产量	公斤	85
2. 每亩副产品产量	（个）龙头	3000
莲藕种苗	株/龙头	3000
3. 总产值合计		8950
主产品产值	元	5950
副产品产值	元	3000
4. 平均出售价格		
主产品平均出售价格	元/公斤	70
副产品平均出售价格	元/个	1

调查内容	单位	数值
5. 总成本	元	5910
6. 净产值	元	8000
7. 纯收益	元	3040
8. 成本纯收益率	%	51.44
二、每亩物质与服务费用	元	950
三、每亩人工成本	元	4760
四、每亩土地成本	元	200

数据来源：国家特色蔬菜产业技术体系产业经济研究室根据对广昌综合试验站的调研数据整理。

2. 福建子莲—莲藕模式

家庭生产为主，采挖期雇佣劳动力采挖。主产品是子莲，副产品是莲藕和莲芯。该模式下，每亩纯收益为3350元，成本纯收益率为72%；总成本为4650元。主产品产值占总产值的84.37%，副产品占总产值的15.63%（见表5-18）。

表5-18　2017年福建子莲—莲藕成本收益表

调查内容	单位	数值
一、每亩成本与收益		
1. 每亩主产品产量	公斤	75
2. 每亩副产品产量（莲芯）	公斤	3
每亩副产品产量（莲藕）	公斤	400
3. 总产值合计	元	8000
主产品产值	元	6750
副产品产值	元	1250
4. 平均出售价格		
主产品平均出售价格	元/公斤	90
副产品平均出售价格（莲芯）	元/公斤	90
副产品平均出售价格（莲藕）	元/公斤	2.45
5. 总成本	元	4650
6. 净产值	元	6850
7. 纯收益	元	3350
8. 成本纯收益率	%	72
二、每亩物质与服务费用	元	1150
三、每亩人工成本	元	3000
四、每亩土地成本	元	500

数据来源：国家特色蔬菜产业技术体系产业经济研究室根据对福州综合试验站的调研数据整理。

3. 湖北鲜莲子—藕带模式

湖北子莲种植最常见的模式是鲜莲子—藕带种植模式。大多是一家一户分散经营，采摘期以家庭为单位每天采摘一次。该模式下，每亩可产500公斤鲜莲子，100公斤藕带，藕带的收益可以抵消物质与服务费用。每亩纯收益为3283元，成本纯收益率88%，总成本为3717元，其中人工成本2000元，人工成本比重最高（见表5－19）。

表5－19　2017年湖北鲜莲子—藕带成本收益表

调查内容	单位	数值
一、每亩成本与收益		
1. 每亩主产品产量	公斤	500
2. 每亩副产品（藕带）产量	公斤	100
3. 总产值合计	元	7000
主产品产值	元	5000
副产品（藕带）产值	元	2000
4. 平均出售价格		
主产品平均出售价格	元/公斤	10
副产品（藕带）平均出售价格	元/公斤	20
5. 总成本	元	3717
6. 净产值	元	5783
7. 纯收益	元	3283
8. 成本纯收益率	%	88
二、每亩物质与服务费用		1217
三、每亩人工成本	元	2000
四、每亩土地成本	元	500

数据来源：国家特色蔬菜产业技术体系产业经济研究室根据对武汉水生物所相关专家调研数据整理。

（三）茭白生产成本与效益分析

1. 全国茭白生产成本与收益分析

2017年茭白每亩产量为2194.61公斤，同比2016年增长4.57%。亩均现金成本同比增长1.49%，每50公斤产品平均销售价格同比下降4.52%。每亩现金收益从2016年的1777.51元下降至2017年的1689.09元，同比下降4.47%。虽然产量略有增长，但由于销售价格下降，成本小幅上涨，导致现金成本收益率下降5.87%（见表5－20）。

2. 单季、双季茭白成本收益对比

茭白种植以双季茭白为主。江西双季茭白每亩产量为4500公斤，平均出售价格2.40元/公斤，纯收益为4350元，成本收益率为67%，总成本6450元。浙江单季茭白每亩产量1900公斤，平均出售价格为3.9元/公斤，纯收益为3150元，成本纯收益率为74%，

表 5 - 20　2016～2017 年茭白全国生产成本收益情况

调查内容	2016 年	2017 年	2017 年比 2016 年增加（%）
每亩主产品产量（公斤）	2098.66	2194.61	4.57
每亩主产品产值（元）	6429.82	6419.52	-0.16
每亩现金成本收益率（%）	38.21	35.97	-5.87
每亩现金收益（元）	1777.51	1698.09	-4.47
每亩现金成本（元）	4652.31	4721.42	1.49
每亩物质与服务费用（元）	1024.09	1023.63	-0.04
每亩雇工费用（元）	2956.30	3027.43	2.41
每亩土地流转租金（元）	671.92	670.36	-0.23
每 50 公斤平均出售价格（元）	153.19	146.26	-4.52
每 50 公斤现金成本（元）	110.84	107.57	-2.95
每 50 公斤现金收益（元）	42.35	38.69	-8.64

数据来源：2017 年 12 月国家特色蔬菜产业技术体系产业经济研究室及各基地调研整理。2016 年有效样本容量为 47 个，2017 年有效样本容量为 46 个。

总成本 4260 元。浙江双季茭白每亩产量 3500 公斤，平均出售价格为 3.2 元/公斤，纯收益为 6290 元，成本纯收益率为 128%，总成本为 4910 元。单季茭白价格高于双季茭白，但产量低于双季茭白（见表 5 - 21）。

表 5 - 21　2017 年茭白生产成本与效益

调查内容	单位	江西双季茭白	浙江单季茭白	浙江双季茭白
一、每亩成本与收益				
1. 每亩主产品产量	公斤	4500	1900	3500
2. 总产值	元	10800	8360	8400
3. 平均出售价格	元/公斤	2.40	3.9	3.2
4. 总成本	元	6450	4260	4910
5. 净产值	元	8700	5800	9590
6. 纯收益	元	4350	3150	6290
7. 成本纯收益率	%	67	74	128
二、每亩物质与服务费用	元	3100	1610	1610
三、每亩人工成本	元	3000	1950	2600
四、每亩土地成本	元	350	700	700

数据来源：国家特色蔬菜产业技术体系产业经济研究室根据对南昌综合试验站、杭州综合试验站、浙江省金华市农业科学研究所的调研数据整理。

（四）芋头生产成本与效益分析

1. 全国芋头生产成本与收益分析

2017 年，芋头生产产量下降。全国芋头平均每亩产量为 1929.38 公斤，每 50 公斤主产品平均出售价格为 214.08 元，每亩现金收益为 4387.44 元。同比 2016 年，价格和利润分别上涨 45.91% 和 33.95%（见表 5 – 22）。

表 5 – 22　2016 ~ 2017 年芋头全国生产成本收益情况

调查内容	2016 年	2017 年	2017 年比 2016 年增加（%）
每亩产量（公斤）	2257.59	1929.38	– 14.54
每亩主产品产值（元）	6625.01	8260.94	24.69
每亩现金成本收益率（%）	97.78	113.27	15.84
每亩现金收益（元）	3275.38	4387.44	33.95
每亩现金成本（元）	3349.63	3873.50	15.64
每亩物质与服务费用（元）	1731.60	1791.00	3.43
每亩雇工费用（元）	1180.53	1582.50	34.05
每亩土地流转租金（元）	437.50	500.00	14.29
每 50 公斤平均出售价格（元）	146.73	214.08	45.91
每 50 公斤现金成本（元）	74.19	100.38	35.31
每 50 公斤现金收益（元）	72.54	113.70	56.74

数据来源：2017 年 12 月国家特色蔬菜产业技术体系产业经济研究室及各基地调研整理。2016 年有效样本容量为 15 个，2017 年有效样本容量为 16 个。

2017 年较 2016 年种植芋头现金成本及各分项成本均存在不同程度的上升。2016 年种植芋头每亩现金成本为 3349.63 元，2017 年增长到 4387.44 元，每亩现金成本上涨 15.64%，雇工费用增长幅度最高为 34.05%，每亩土地流转租金也增长了 14.29%。

2. 不同产区成本与收益对比

湖南江永香芋主要是家庭分散生产，劳动时间短，共计 10 天。江永芋头每亩产量为 2500 公斤，平均出售价格为 1.9 元/公斤，总成本在 2500 元左右，纯收益为 1500 ~ 2500 元，成本纯收益率在 80% 左右。湖南江永香芋产量高，价格低，总产值较低（见表 5 – 23）。

江苏兴化龙香芋亩产 2000 公斤，市场价 5 元/公斤，每亩产值为 1 万元，扣除 3000 元成本，亩收益 7000 元，全年亩收益 1.3 万元。中央电视台《舌尖上的中国》播出后，兴化龙香芋供不应求，产品十分畅销。

广西荔浦芋产量最低，每亩为 1500 公斤，但是产值最高，每亩产值为 15000 元，原因是广西荔浦芋头平均出售价格非常高，约为 10 元/公斤。总成本 7130 元，其中物质与服务费用为4130元，人工成本为2000元，土地成本为1000元。广西荔浦芋头每亩纯收益7870元。高收益主要源于荔浦芋头的品质和品牌效应。

表5-23　2017年不同主产区芋头生产成本与收益情况

调查内容	单位	湖南江永	江苏兴化	广西贺州	广西荔浦
一、成本与收益					
1. 每亩主产品产量	公斤	2500	2000	2059	1500
2. 总产值合计	元	4000~5000	10000	8235	15000
3. 平均出售价格	元/公斤	1.9	5	4	10
4. 总成本	元	2500	3000	5440	7130
5. 净产值	元	3650	—	5995	10870
6. 纯收益	元	1500~2500	7000	2795	7870
7. 成本纯收益率	%	80	—	51.38	110
二、每亩物质与服务费用	元	1100		2240	4130
三、每亩人工成本	元	1000		2400	2000
四、每亩土地成本	元	400		800	1000

数据来源：国家特色蔬菜产业技术体系产业经济研究室根据对湘西综合试验站调研数据整理。

广西贺州芋头每亩产量为2059公斤，平均出售价格为4元/公斤，每亩产值为8235元。贺州芋头比荔浦芋头产量高，但产值低。贺州芋头每亩总成本为5440元，其中物质与服务费用为2240元，人工成本为2400元，土地成本为800元。贺州种植芋头每亩纯收益为2795元，远低于荔浦，原因是出售价格低（见表5-23）。

（五）荸荠生产成本与效益分析

1. 全国荸荠生产成本与收益分析

2017年每亩产量为2540公斤，同比2016年降低了5.9%。现金成本基本持平，雇工费用增幅较大，同比增长9.16%，物质与服务费用及土地流转租金下降（见表5-24）。

表5-24　2016~2017年荸荠全国生产成本收益情况

调查内容	2016年	2017年	2017年比2016年增加（%）
每亩主产品产量（公斤）	2398.46	2540.00	5.90
每亩主产品产值（元）	7114.62	8072.41	13.46
每亩现金成本收益率（%）	90.81	114.78	26.40
每亩现金收益（元）	3385.91	4313.94	27.41
每亩现金成本（元）	3728.71	3758.47	0.80
每亩物质与服务费用（元）	1406.54	1309.90	-6.87
每亩雇工费用（元）	1713.08	1870.00	9.16

调查内容	2016 年	2017 年	2017 年比 2016 年增加（%）
每亩土地流转租金（元）	609. 09	578. 57	-5. 01
每 50 公斤平均出售价格（元）	148. 32	158. 91	7. 14
每 50 公斤现金成本（元）	77. 73	73. 99	-4. 82
每 50 公斤现金收益（元）	70. 59	84. 92	20. 31

数据来源：2017 年 12 月国家特色蔬菜产业技术体系产业经济研究室及各基地调研整理。2016 年有效样本容量为 13 个，2017 年有效样本容量为 10 个。

2017 年的荸荠产品售价上涨，每 50 公斤主产品平均出售价格上升了 7. 14%。成本提高而售价上浮，导致了现金收益大幅提高，同比增长 27. 41%。

荸荠生产成本构成方面，雇工费用最高，2017 年上涨至 34. 85%，物质与服务费用占比在 35% 左右，土地流转租金占比在 15% 以上。相比 2016 年，雇工费用占比增长趋势明显，物质与服务成本及土地流转租金占比均有所下降。

由于荸荠生产经营主体本次调查样本较少，不做经营主体成本收益比较。

2. 主产区荸荠成本收益

广西贺州荸荠每亩产量为 2500 公斤，平均出售价格为 3 元/公斤，每亩产值 7500 元。每亩生产总成本为 3940 元，纯收益为 3650 元，成本纯收益率在 93% 左右。成本中，人工成本最高，每亩为 2540 元，其次是物质与服务费用，每亩为 1100 元，土地成本每亩 300 元（见表 5 - 25）。

表 5 - 25　2017 年广西贺州荸荠成本与收益情况

调查内容	单位	数值
一、每亩成本与收益		
1. 每亩主产品产量	公斤	2500
2. 总产值合计	元	7500
3. 平均出售价格	元/公斤	3
4. 总成本	元	3940
5. 净产值	元	6400
6. 纯收益	元	3650
7. 成本纯收益率	%	93
二、每亩物质与服务费用	元	1100
三、每亩人工成本	元	2540
四、每亩土地成本	元	300

数据来源：国家特色蔬菜产业技术体系产业经济研究室根据对贺州综合试验站调研整理。

（六）主要农产品成本收益综合比较

我国《全国农产品成本收益汇编年鉴》中蔬菜类包括西红柿、黄瓜、茄子、菜椒、露地圆白菜、露地大白菜、露地马铃薯、露地菜花、露地豆角、露地萝卜。本报告的水生蔬菜主要是研究莲藕、芋头、茭白、荸荠四种农产品的成本收益。水生蔬菜各项指标的平均数是以上四种蔬菜的算数平均数。

1. 主要水生蔬菜类的成本收益对比分析

2017 年，四种水生蔬菜每亩现金收益排名依次是芋头、荸荠、莲藕和茭白。芋头现金收益最高，为 4387.44 元，茭白现金收益最低，为 1698.09 元（见表 5 - 26）。

表 5 - 26　2017 年全国主要水生蔬菜产品成本收益对比

	莲藕	芋头	茭白	荸荠	平均数
每亩主产品产量（公斤）	2113.17	1929.38	2194.61	2540.00	2194.29
每亩主产品产值（元）	5766.68	8260.94	6419.52	8072.41	7129.89
每亩现金成本收益率（%）	42.73	113.27	35.97	114.78	76.69
每亩现金收益（元）	1726.34	4387.44	1698.09	4313.94	3031.45
每亩现金成本（元）	4040.34	3873.50	4721.42	3758.47	4098.43
每亩物质与服务费用（元）	1969.57	1791.00	1023.63	1309.90	1523.52
每亩雇工费用（元）	1419.30	1582.50	3027.43	1870.00	1974.81
每亩土地流转租金（元）	651.48	500.00	670.36	578.57	600.10
每 50 公斤主产品平均出售价格（元）	136.45	214.08	146.26	158.91	163.92
每 50 公斤主产品现金成本（元）	95.60	100.38	107.57	73.99	94.38
每 50 公斤主产品现金收益（元）	40.85	113.70	38.69	84.92	69.54

数据来源：2017 年 12 月国家特色蔬菜产业技术体系产业经济研究室及各基地调研整理。

2017 年每亩现金成本排名依次是茭白、莲藕、芋头和荸荠。茭白现金成本是荸荠现金成本的 1.26 倍。水生蔬菜的成本构成中茭白的雇工费用与土地流转租金最高，分别为每亩 3027.43 元、670.36 元，莲藕的物质与服务费用最高，为每亩 1969.57 元。

每 50 公斤主产品平均出售价格芋头最高，为 214.08 元，高于平均水平 30.6%。而莲藕的价格最低，为 136.45 元，低于平均水平的 27%。水生蔬菜平均产值为 7129.89 元。芋头虽然产量低，但价格高，每亩产值为 8260.94 元，产值最高；而莲藕的价格最低，亩均产值仅为 5766.68 元，低于平均水平 20%，产值最低。

总结来看，2017 年芋头亩均产值与现金收益最高，莲藕亩均产值最低，茭白现金收益最低（见表 5 - 27）。

表5－27　2017年全国主要水生蔬菜产品成本构成

单位：元/亩，%

成本构成	莲藕		芋头		茭白		荸荠		平均数	
	数值	占比	数值	占比	数值	占比	数值	占比	数值	占比
物质与服务费用	1970	49	1791	46	1024	22	1310	35	1524	38
雇工费用	1419	35	1583	41	3027	64	1870	50	1975	47
土地流转租金	651	16	500	13	670	14	579	15	600	15

数据来源：2017年12月国家特色蔬菜产业技术体系产业经济研究室及各基地调研整理。

2. 水生蔬菜与主要农产品成本收益对比分析

由表5－28可见，水生蔬菜与大宗蔬菜对比发现，水生蔬菜具有产值高、平均出售价格高的特点，2016年每50公斤主产品平均出售价格水生蔬菜比大宗蔬菜高51.56%，每亩产量水生蔬菜比大宗蔬菜低34.83%，每亩产值水生蔬菜比大宗蔬菜高2.78%，产业发展潜力大。

表5－28　2016年水生蔬菜与主要农产品成本收益对比

单位：公斤/亩，元

	产品产量	产品产值	现金收益	现金成本	物质与服务费用	雇工费用	每50公斤主产品价格
水生蔬菜平均	2226.68	6611.39	2732.26	3994.69	1509.90	1775.00	148.51
莲藕	2151.99	6276.10	2490.23	3785.87	1877.36	1250.09	145.82
芋头	2257.59	6625.01	3275.38	3349.63	1731.60	1180.53	146.73
茭白	2098.66	6429.82	1777.51	4652.31	1024.09	2956.30	153.19
荸荠	2398.46	7114.62	3385.91	4190.93	1406.54	1713.08	148.32
蔬菜平均	3416.65	6433.03	4040.57	2392.86	1624.52	682.95	97.99
露地西红柿	3417.24	6841.44	4571.94	2269.50	1437.12	798.92	110.88
露地黄瓜	3332.32	6212.08	3964.90	2247.18	1423.83	793.56	78.30
露地茄子	2962.37	5482.40	3108.90	2373.50	1760.82	586.75	138.01
露地菜椒	2217.72	5123.58	2839.12	2284.46	1664.33	595.91	125.97
露地圆白菜	3166.47	3761.12	2101.74	1659.48	984.76	564.03	59.39
露地大白菜	3732.19	3452.55	1974.61	1477.94	855.71	81.56	46.25
露地马铃薯	1510.42	1800.18	1058.50	743.05	631.47	564.03	59.59

数据来源：2017年12月国家特色蔬菜产业技术体系产业经济研究室及各基地调研整理、2017年全国农产品成本收益汇编。

从要素投入看，水生蔬菜每亩现金成本中雇工费用占比最高，雇工费用比大宗蔬菜高 159.90%，每亩物质投入与服务费用比大宗蔬菜低 7.06%。每亩现金成本高于大宗蔬菜，说明发展的科技支撑还较为薄弱，机械化采收、设施化栽培等生产现代化水平还较低。

从现金收益来看，水生蔬菜每亩现金收益为 2732.26 元，而大宗蔬菜每亩现金收益为 4040.57 元，低于大宗蔬菜 32.38%。由此可见，水生蔬菜产业发展不成熟，要素投入不够集约化，存在生产成本处于规模报酬递增阶段、农民收入和利润不稳定的可能，水生蔬菜产业仍需要在生产技术、生产标准、生产服务等方面加大投入。

第六章 中国水生蔬菜贸易格局

中国水生蔬菜贸易以芋头、荸荠、莲藕为主，其他种类的水生蔬菜国际贸易较少。本报告中中国水生蔬菜的贸易规模主要是芋头、荸荠、莲藕三个种类贸易总和，海关编码为071490 和 071440 下商品之和。加工产品单独分析。

一、中国水生蔬菜国际贸易

（一）中国水生蔬菜贸易规模

2012～2016 年中国水生蔬菜贸易以出口为主，进口规模非常小。2016 年出口量为116789.01 吨，进口量仅为191.70 吨（见表6-1），进口量占出口量的0.16%。进口主要来自泰国、马来西亚、日本、印度尼西亚等亚洲国家。

表 6-1　2012～2016 年中国水生蔬菜贸易情况　　单位：吨，百万美元

年份	进口量	进口额	出口量	出口额
2012	620.92	1.53	113376.76	123.15
2013	887.70	2.11	107301.85	130.29
2014	546.60	1.60	88973.25	143.41
2015	155.08	0.40	102534.63	139.27
2016	191.70	0.34	116798.01	130.45

数据来源：联合国商品贸易统计数据库（The United Nations Commodity Trade Statistics Database）。

从出口量看，2012～2016 年，中国水生蔬菜出口量呈现先下降再上升的整体趋势。2012～2014 年呈下降的态势，由 11.34 万吨降至 8.90 万吨，降幅为 21.52%。2015～2016 年，从 10.25 万吨增加至 11.68 万吨。与芋头出口量的波动基本一致。

从出口额看，中国水生蔬菜 2016 年出口金额为 130.45 百万美元（见表6-1）。2012～2016 年出口额呈现先上升后下降的趋势，与出口量变化趋势相反。2012～2014 年呈上升趋势，由 123.15 百万美元增加至 143.41 百万美元，增幅为 16.45%。2015 年、2016 年出

口额小幅下降但出口量增加，出现了增量不增收的现象。芋头占水生蔬菜出口量的60%左右，中国水生蔬菜出口额的变动主要受芋头出口额变化的影响。2014年芋头价格最高，2015年、2016年中国芋头市场价格低迷，导致了出口贸易"增量不增收"。

（二）中国水生蔬菜出口产品结构

中国水生蔬菜出口主要包括荸荠、莲藕、芋头。荸荠指的是鲜、冷、冻、干的荸荠之和，莲藕指的是鲜、冷、冻、干的种用藕、其他藕之和，芋头指的是鲜、冷、冻、干的芋头之和。

中国水生蔬菜出口以芋头为主，其次是莲藕、荸荠。2012～2016年荸荠出口额由9百万美元下降到6百万美元，比重由7.83%下降到5.00%。2012～2016年莲藕出口额由21百万美元上升到37百万美元，比重由18.26%上升到30.83%。2012～2016年芋头出口额呈现先升后降的态势，出口额由85百万美元上升到96百万美元再下降到77百万美元，占比最低为64.17%，最高为73.91%。

2012～2016年，荸荠、莲藕、芋头平均出口量分别为0.77万吨、2.44万吨和6.53万吨，平均出口额分别为8.6百万美元、27.2百万美元和86.8百万美元。按出口额计算，2012～2016年荸荠、莲藕、芋头平均比重分别为7.01%、22.19%、70.80%（见表6-2）。

表6-2 2012～2016年中国水生蔬菜出口情况

年份	出口量（万吨）			出口额（百万美元）			占水生蔬菜总出口额比重（%）		
	荸荠	莲藕	芋头	荸荠	莲藕	芋头	荸荠	莲藕	芋头
2012	0.92	2.35	7.16	9	21	85	7.83	18.26	73.91
2013	1.03	2.26	6.46	11	22	86	9.24	18.49	72.27
2014	0.84	2.31	5.06	10	25	96	7.63	19.08	73.28
2015	0.56	2.50	6.38	7	31	90	5.47	24.22	70.31
2016	0.50	2.77	7.59	6	37	77	5.00	30.83	64.17

数据来源：2012～2014年数据来源于《中国海关年鉴》，2015～2016年数据来源于中国海关数据（http://www.haiguan.info/）。

二、中国芋头国际贸易

（一）中国芋头出口规模

2012～2016年，中国芋头的出口量呈先下降后上升的态势，从2012年的7.2万吨下降到2014年的5.1万吨，占比从82.8%下降到68%，下降了14.8个百分点，后又增加到2016年的7.6万吨，占世界芋头总出口量的81.6%。芋头出口总额呈先增加后减少的趋势，2012年出口总额为84.5百万美元，2014年增加到96.3百万美元，后降至2016年的77.7百万美元，比2015年下降了14.1%。芋头出口出现了增量不增收的态势，2016年出口额仅占世界芋头总出口额的72.9%。2014年世界芋头出口总量下降，原因在于当年中国芋头减产，出口量减少，中国在芋头出口市场上占有绝对支配地位（见表6-3）。

表6-3 2012~2016年中国出口世界芋头情况 单位：万吨，百万美元

年份	出口量	占世界总出口量比重（%）	出口额	占世界总出口额比重（%）
2012	7.2	82.8	84.5	85.1
2013	6.5	78.3	86.3	83.5
2014	5.1	68.0	96.3	93.2
2015	6.4	81.0	90.4	81.7
2016	7.6	81.6	77.7	72.9

数据来源：联合国国际贸易数据库（The United Nations Commodity Trade Statistics Database）。

（二）中国芋头出口区域结构

2016年中国芋头出口量为7.6万吨，出口总额为77.7百万美元。中国芋头主要出口亚洲、北美洲和欧洲，亚洲排名第一（见表6-4）。2012~2016年，中国对亚洲的芋头出口量和出口额均占90%左右，出口量与出口额占比均呈现整体增加的趋势。

表6-4 2016年中国芋头主要贸易伙伴地区

地区	出口量		出口额	
	数值（万吨）	占总量比重（%）	数值（百万美元）	占总额比重（%）
亚洲	6.85	90.33	72.39	93.14
北美洲	0.56	7.34	3.84	4.94
欧洲	0.17	2.19	1.36	1.75

数据来源：中国海关数据网（http://www.haiguan.info/）。

（三）中国芋头出口主要市场

2016年，中国芋头出口33个国家和地区，按出口额排名前十位的国家有日本、越南、阿联酋、美国、沙特阿拉伯、马来西亚、加拿大、荷兰、西班牙和意大利，其中5个国家为亚洲国家。

日本是中国最大的芋头出口国。2016年日本进口芋头的92.89%来自中国，进口额达

到 5557 万美元，占中国总芋头出口金额的 71.49%。另外，中国芋头最主要的出口贸易国也是日本，2012～2017 年，出口日本芋头数量占我国总出口量百分比最高可达 66.67%（见表 6-5）。

表 6-5 2012～2017 年中国芋头出口日本情况　　单位：万吨，百万美元

年份	出口量	出口额	出口量占比（%）
2012	4.55	69.98	63.52
2013	4.31	72.21	66.67
2014	3.61	81.86	55.92
2015	3.41	71.50	53.41
2016	3.73	55.57	49.22
2017	3.50	53.07	51.93

资料来源：联合国商品贸易统计数据库（The United Nations Commodity Trade Statistics Database）。

2012～2017 年，中国芋头出口量（额）排名前三位的市场，出现了随年度变化的情况。日本近年来一直是中国芋头出口的第一大市场。日本人喜食芋头，芋头是日式料理中的重要配菜之一。而日本耕地面积狭小，对芋头的需求量需要依靠国外进口，中国是日本邻国，芋头产量较大，中日间海运交通便利且距离短，这些因素造成了日本成为中国芋头出口的第一大市场。但自 2012 年以来，中国对日本的芋头出口量呈现下降趋势，从 2012 年的 4.55 万吨下降至 2017 年的 3.50 万吨，出口量下降 1.05 万吨，降幅为 23.07%。

越南也是中国芋头出口的主要国家。2017 年芋头出口量为 1.06 万吨，排名第二位，占总出口的 15.73%。在 2008 年、2009 年、2012～2016 年，中国对越南芋头出口量排名为出口总量的前三，占比分别达到了 9.2%、13.7%、8.3%、8.9%、5.8%、20.1% 和 20.2%。中越之间位置邻近，陆路海路运输均可到达，饮食习惯相似，中国对越南芋头出口有很好的发展环境，但是中越芋头出口贸易却出现波动变化的情况，主要是由于中越外交关系不稳定，在中越南海问题尖锐的 2010～2011 年，对越南的芋头出口也受到很大影响。

2017 年，阿联酋是中国芋头出口的第三大市场，出口量为 0.90 万吨，占比为 13.35%。近年来，这一市场所占中国芋头出口的份额在不断上升，其出口量占中国芋头总出口量的比重从 2007 年的 4.3% 上升至 2017 年的 13.35%，出口额占比从 2007 年的 2.1% 上升至 2017 年的 6.3%。

2017 年，美国是中国芋头出口的第四大市场，出口量为 0.35 万吨，占中国芋头总出口量的 5.2%。美国的经济发展水平和农业水平领先世界，其国内有太多芋头的替代食物，中国芋头出口竞争压力大，且中美海洋运输成本并不低，导致了美国作为中国芋头出口市场所占份额的不断缩水。

中国对沙特阿拉伯芋头出口量在 2011 年超过了越南，占中国芋头总出口量的 6.1%。沙特阿拉伯地处中东，距离中国较远，运输不便，从 2012 年的 0.32 万吨下降至 2017 年的 0.28 万吨，占出口量比重呈现快速下降态势，到 2017 年出口量占比为 4.15%（见表 6-6）。

表 6-6　2012～2017 年中国芋头出口主要国家　单位：万吨，百万美元

2012 年			2016 年			2017 年		
国家	出口量	出口额	国家	出口量	出口额	国家	出口量	出口额
世界	7.16	84.54	世界	7.59	77.73	世界	6.74	73.65
日本	4.55	69.98	日本	3.73	55.57	日本	3.50	53.07
阿联酋	0.83	4.23	阿联酋	1.53	7.87	越南	1.06	6.75
美国	0.39	2.76	美国	1.00	5.41	阿联酋	0.90	4.64
越南	0.59	2.06	越南	0.46	3.08	美国	0.35	2.53
沙特阿拉伯	0.32	1.73	马来西亚	0.28	1.5	沙特阿拉伯	0.28	1.52
加拿大	0.15	1.4	沙特阿拉伯	0.17	1.36	马来西亚	0.19	1.54
马来西亚	0.14	0.77	加拿大	0.10	0.76	加拿大	0.11	1.01
荷兰	0.06	0.45	西班牙	0.08	0.6	泰国	0.06	0.50
意大利	0.02	0.23	荷兰	0.03	0.28	西班牙	0.04	0.27
泰国	0.03	0.2	意大利	0.02	0.21	意大利	0.02	0.25

数据来源：中国海关数据网（2012～2017）（http://www.haiguan.info/）。

（四）中国芋头进口贸易

中国芋头进口主要来源于斐济、印度尼西亚、越南、台澎金马关税区等地。芋头进口量一直很低，2012 年芋头进口量仅 90.8 吨，占世界总进口的 0.13%，2013 年进口量最大，达到 243 吨，占世界总进口量的 0.34%。

三、中国莲藕国际贸易

（一）中国莲藕出口规模

2012～2017 年中国莲藕出口量先降后升。2012 年中国莲藕出口量为 2.35 万吨，到 2014 年下降为 2.41 万吨，下降了 1.70%。2014～2017 年出口量持续增长，到 2017 年出口量为 3.18 万吨，2014～2017 年增长了 37.66%，平均每年增长 11.24%。2013 年、2014 年出口量下降主要与莲藕减产有关。2012～2017 年中国莲藕出口额均持续增长。2012 年中国莲藕出口额为 21 百万美元，2017 年为 37.76 百万美元，增长了 79.81%，平

均每年增长 12.45%（见表 6 – 7）。

表 6 – 7　2012～2017 年中国出口世界莲藕情况　单位：万吨，百万美元

年份	出口量	出口额
2012	2.35	21.00
2013	2.26	22.00
2014	2.31	25.00
2015	2.50	31.30
2016	2.77	36.72
2017	3.18	37.76

数据来源：2012～2014 年数据来源于《中国海关年鉴》，2015～2017 年数据来源于中国海关数据网（http://www. haiguan. info/）。

总体来看，虽然中国莲藕出口贸易规模在增长，但目前规模仍非常小。2017 年中国莲藕占中国水生蔬菜总出口额的 30%，占中国蔬菜出口总额的 1.87%。值得注意的是，中国莲藕出口量仅占中国蔬菜出口总量的 0.33%。说明莲藕作为中国的特色蔬菜，创汇能力优于一般蔬菜。

（二）中国莲藕出口区域结构

中国莲藕出口主要分布在亚洲、北美洲、欧洲和大洋洲。2016 年中国莲藕出口亚洲 1.94 万吨，占总出口量的 69.94%；中国莲藕对亚洲出口额为 26.7 百万美元，占总出口额的 72.69%。其次为北美洲，2016 年中国莲藕出口北美洲 0.74 万吨，占总出口量的 26.62%；中国莲藕对北美洲出口额为 8.7 百万美元，占总出口额的 23.61%。欧洲和大洋洲分别占中国莲藕出口总量的 2.10% 和 0.96%，占中国莲藕出口总额的 2.07% 和 1.17%（见表 6 – 8）。

表 6 – 8　2016 年中国莲藕主要贸易伙伴地区分类

单位：万吨，百万美元,%

地区	出口量		出口额	
	数值	占总量比重	数值	占总额比重
亚洲	1.94	69.94	26.7	72.69
北美洲	0.74	26.62	8.7	23.61
欧洲	0.06	2.10	0.8	2.07
大洋洲	0.03	0.96	0.4	1.17

数据来源：中国海关数据网（http://www. haiguan. info/）。

（三）中国莲藕出口主要市场

2016 年中国莲藕出口 33 个国家和地区，2017 年增加到 40 个国家和地区，中国莲藕出口贸易向更广的范围扩散。按出口额计算，2017 年出口排名前十的国家和地区是日本、马来西亚、美国、新加坡、加拿大、泰国、韩国、荷兰、越南和澳大利亚。

中国莲藕出口最主要的三个国家是日本、马来西亚和美国（见表 6 - 9）。2016 年，中国莲藕出口日本 0.7065 万吨，占中国莲藕总出口量的 25.47%；出口额为 10.85 百万美元，占中国莲藕总出口额的 29.56%。2016 年日本是中国莲藕出口第二大市场，2017 年跃居为第一大市场。2017 年 3 月 29 日，日本厚生劳动省发布生食输发 0329 第 1 号公告，废除 2001 年 3 月 7 日发布的食监发第 37 号公告要求对我国莲藕实施的进口检查处理措施，纳入正常的监控系统。2017 年中国莲藕出口日本 0.7401 万吨，占中国莲藕总出口量的 23.26%；出口额为 11.04 百万美元，占中国莲藕总出口额的 29.23%。日本素有种植、食用莲藕的习惯，莲藕是日本节日必备食材。目前日本食用的莲藕品种都是从中国引进的新品种，具有茎粗，抗病毒，易在浅水田扎根生长，容易收获等优点。而日本的传统品种虽然黏度更强，但是根茎既细又软，只能在深水处扎根生长，收获困难，因此改为种植中国引进的浅水藕，或直接进口莲藕。

表 6 - 9　2016 ~ 2017 年中国莲藕出口主要国家　　单位：万吨，百万美元

2016 年			2017 年		
国家	出口量	出口额	国家	出口量	出口额
世界	2.7733	36.72	世界	3.1826	37.76
马来西亚	0.7935	11.08	日本	0.7401	11.04
日本	0.7065	10.85	马来西亚	0.7410	9.48
美国	0.5979	7.00	美国	0.7252	6.97
新加坡	0.1651	1.89	新加坡	0.2250	2.39
加拿大	0.1403	1.67	加拿大	0.1824	1.87
泰国	0.0997	1.21	泰国	0.1212	1.24
荷兰	0.0412	0.51	韩国	0.0906	0.82
韩国	0.0501	0.45	荷兰	0.0553	0.57
澳大利亚	0.0229	0.37	越南	0.0668	0.56
印度尼西亚	0.0167	0.16	澳大利亚	0.0284	0.45

数据来源：中国海关数据网（http://www.haiguan.info/）。

马来西亚是中国莲藕出口的第二大市场。2016 年中国莲藕出口马来西亚 0.7935 万吨，占中国莲藕总出口量的 28.61%；出口额为 11.08 百万美元，占中国莲藕总出口额的 30.17%。2016 年马来西亚是中国莲藕出口第一大市场，2017 年为第二大市场。2017 年

中国莲藕出口马来西亚 0.7410 万吨，占中国莲藕总出口量的 23.28%；出口额为 9.48 百万美元，占中国莲藕总出口额的 25.12%。马来西亚的莲藕大多属于热带莲藕，热带莲藕在形态特征如株形、叶片、花形等方面与中国的花莲十分相近，但这些热带莲藕在当地无休眠期，一年四季生长开花，根状茎在泥中生长不膨大结藕。马来西亚主要是马来人、华人和印度人，马来西亚的华人来自福建、广东、海南的较多，带动整个马来西亚食用莲藕，莲藕的需求稳定。受环境因素影响，马来西亚食用藕主要依靠进口。

中国莲藕出口第三大市场是美国。2016 年中国莲藕出口美国 0.5979 万吨，占中国莲藕总出口量的 21.56%；出口额为 7.00 百万美元，占中国莲藕总出口额的 19.06%。2017 年中国莲藕出口美国 0.7252 万吨，占中国莲藕总出口量的 22.79%；出口额为 6.97 百万美元，占中国莲藕总出口额的 18.45%。美国食用莲藕的大多是华人，在华人超市或韩超销售。2016～2017 年没有种藕出口，2015 年曾有种藕出口到美国，品种主要是鸳鸯羽、状元红、娇娘、楚女、蝶恋花等，都是观赏性的荷花。

2016 年中国莲藕对日本、马来西亚、美国三个国家出口量占中国莲藕总出口量的 75.65%，2017 年下降为 69.32%，下降 6.33 个百分点。2016 年三个国家出口额占中国莲藕总出口额的 78.78%，2017 年下降为 72.80%，下降 5.98 个百分点。CR_3 下降 6 个百分点左右，而 CR_{10} 下降 2 个百分点左右。说明中国莲藕出口在逐渐扩散，前三大市场的市场集中度下降较快。

（四）中国莲藕进口情况

中国莲藕进口偶尔发生。2016 年种藕和其他藕均未发生进口。2017 年进口 1.1 吨，进口金额为 1544 美元，全部来自越南。

四、中国荸荠及制品国际贸易

（一）中国荸荠及制品贸易规模

中国荸荠贸易以出口为主，2016 年和 2017 年均未发生荸荠进口。2016 年中国荸荠出口量为 0.5027 万吨，出口额为 6.23 百万美元。2017 年中国荸荠出口量为 0.4829 万吨，出口额为 5.87 百万美元。2017 年较 2016 年荸荠出口量下降了 3.94%，出口额下降了 5.78%。2016 年中国清水马蹄罐头出口量为 0.31685 万吨，出口额为 34.82 百万美元。2017 年中国清水马蹄罐头出口量为 0.33306 万吨，出口额为 43.01 百万美元。2017 年较 2016 年清水马蹄罐头出口量增长 5.12%，出口额增长 23.53%。由此可见，中国荸荠出口量和出口额小幅下滑，出口额下降超过出口量下降幅度。清水马蹄罐头出口量和出口额均攀升，其中出口额大幅增长，清水马蹄罐头的需求呈增长态势（见表 6 - 10）。

表 6-10　2016~2017 年中国荸荠及马蹄罐头出口规模

单位：万吨，百万美元

年份	荸荠		清水马蹄罐头	
	出口量	出口额	出口量	出口额
2016	0.5027	6.2334	3.1685	34.8161
2017	0.4829	5.8733	3.3306	43.0081

数据来源：中国海关数据网（http：//www.haiguan.info/）。

（二）中国荸荠及制品出口主要市场

1. 荸荠的出口市场

中国荸荠出口市场主要有马来西亚、美国、新加坡、日本、加拿大、澳大利亚、越南、墨西哥、比利时等（见表 6-11）。马来西亚是中国荸荠出口最大的市场，2016 年中国对马来西亚荸荠出口量为 0.2138 万吨，出口额为 3.1625 百万美元。2017 年中国对马来西亚荸荠出口量为 0.1845 万吨，出口额为 2.5876 百万美元。2016 年中国对马来西亚荸荠出口额占中国荸荠总出口额的 50.73%，2017 年为 44.56%。马来西亚素有种植、食用荸荠的习惯，除饮食、做小吃外还用作中药材，马来西亚的马蹄水特别受当地人和游客喜爱。

表 6-11　2016~2017 年中国荸荠出口主要市场　单位：万吨，百万美元

2016 年			2017 年		
国家	出口量	出口额	国家	出口量	出口额
世界	0.5027	6.2300	世界	0.4829	5.87
马来西亚	0.2138	3.1625	马来西亚	0.1845	2.5876
美国	0.0502	0.5415	新加坡	0.0464	0.6143
新加坡	0.0357	0.4553	美国	0.0497	0.4841
日本	0.0170	0.3870	越南	0.0266	0.4580
加拿大	0.0149	0.1618	日本	0.0104	0.2952
墨西哥	0.0120	0.1528	加拿大	0.0165	0.1745
比利时	0.0076	0.1194	澳大利亚	0.0032	0.0588
印度尼西亚	0.0036	0.0310	孟加拉国	0.0016	0.0276
澳大利亚	0.0033	0.0548	荷兰	0.0017	0.0221
荷兰	0.0020	0.02644	印度尼西亚	0.0017	0.0179

数据来源：中国海关数据网（http：//www.haiguan.info/）。

美国是中国荸荠出口的第二大国家，2016 年中国对美国的荸荠出口量为 0.0502 万吨，出口额为 0.5415 百万美元；2017 年中国对美国的荸荠出口量为 0.0497 万吨，出口额

为 0.4841 百万美元。2016 年中国对美国出口额占中国荸荠总出口额的 8.69%，2017 年为 8.24%。美国人非常喜欢荸荠加工产品，他们视荸荠为中药，食用荸荠有助于身体健康。尤其受北方人青睐，他们称之为泥水里的"南方人参"。冬季干燥，吃荸荠可以降火润燥。因此美国的糕点加工企业、茶餐厅、饺子店对荸荠的需求量很大。近年来，甚至有中国人到美国种植荸荠，采收后即销售给当地餐厅。

新加坡是中国荸荠出口的第三大国，2016 年中国对新加坡的荸荠出口量为 0.0357 万吨，出口额为 0.4553 百万美元；2017 年中国对新加坡的荸荠出口量为 0.0464 万吨，出口额为 0.6143 百万美元。2016 年中国对新加坡荸荠出口额占中国荸荠总出口额的 7.30%，2017 年为 10.64%。2017 年中国对新加坡荸荠的出口额较 2016 年增长 34.93%。新加坡是一个多民族国家，除华人外，还有马来族、印度裔等，因此新加坡人也有食用荸荠的习惯，在新加坡的饮食中荸荠也较普遍，糖荸荠、马蹄水、荸荠明虾等不仅是当地人喜爱的食品，也受到游客的喜爱。

2. 清水马蹄罐头出口市场

中国清水马蹄罐头出口市场主要有美国、英国、加拿大、澳大利亚、荷兰、瑞典、德国、法国、挪威等。美国是中国清水马蹄罐头出口的第一大国，占中国清水马蹄罐头出口的 70% 以上（见表 6 - 12）。2016 年中国向美国出口清水马蹄罐头 2.28 万吨，出口额为 24.96 百万美元。2017 年中国向美国出口清水马蹄罐头 2.52 万吨，出口额为 33.06 百万美元。2016 年中国向美国出口清水马蹄罐头的出口额占中国总出口额的 71.69%，2017 年为 76.87%。美国清水马蹄罐头的需求仍在增长。美国人爱吃荸荠，但是荸荠皮难剥落，因此清水马蹄罐头的出口增长，而荸荠的出口下降。

表 6 - 12　2016 ~ 2017 年中国清水马蹄罐头主要出口市场

单位：万吨，百万美元

2016 年			2017 年		
国家	出口量	出口额	国家	出口量	出口额
世界	3.17	34.82	世界	3.33	43.01
美国	2.28	24.96	美国	2.52	33.06
英国	0.25	3.10	英国	0.24	3.17
澳大利亚	0.10	1.08	加拿大	0.11	1.34
荷兰	0.12	0.95	澳大利亚	0.09	1.14
加拿大	0.10	0.92	瑞典	0.06	0.71
瑞典	0.06	0.80	荷兰	0.05	0.54
德国	0.03	0.72	法国	0.04	0.43
挪威	0.03	0.34	韩国	0.04	0.41
日本	0.03	0.32	挪威	0.03	0.38
法国	0.04	0.31	印度	0.04	0.38

数据来源：中国海关数据网（http：//www. haiguan. info/）。

英国是中国清水马蹄罐头出口的第二大国，占中国清水马蹄罐头出口的 8% 左右。2016 年中国向英国出口清水马蹄罐头 0.25 万吨，出口额为 3.10 百万美元。2017 年中国向英国出口清水马蹄罐头 0.24 万吨，出口额为 3.17 百万美元。2016 年中国向英国出口清水马蹄罐头的出口额占中国总出口额的 8.89%，2017 年为 7.37%。

美国和英国两大市场占中国清水马蹄出口额的 80% 以上，市场集中度非常高。目前中美贸易摩擦升级，美国总统特朗普签署了针对中国贸易的备忘录，宣告了世界上两大经济体之间的贸易战爆发。根据该备忘录，美国贸易代表办公室将在签署日之后的 15 天内制定对中国商品征收关税的具体方案，并就相关问题向 WTO 起诉中国。据称，美国对中国商品加征关税的清单列有 1300 个商品，涉及征税的中国商品价值大约 500 亿美元。中国罐头出口最大的市场是美国，清水马蹄罐头出口最大的市场也是美国，如果罐头产品被列入清单，对罐头生产企业、出口企业、荸荠生产者将造成一定影响，应提前做好应对措施。

第七章 中国水生蔬菜价格波动分析

本部分从年度价格、月度价格、不同品种、不同区域等方面对我国水生蔬菜价格走势进行分析。品种包含莲藕、茭白和芋头；年度和月度批发价格的时间区间为 2012~2017 年，品种包含莲藕、茭白和芋头。

一、不同品种年度价格波动

（一）莲藕：先升后降

2012~2017 年我国莲藕价格整体呈下降趋势，由 2012 年的 4.93 元/公斤降至 2017 年的 4.53 元/公斤，下降了 0.40 元/公斤，降幅为 8.11%，年均降速为 1.68%。其中，2012~2014 年价格涨幅快速收窄，由 2012 年的 4.93% 降至 2014 年的 0.39%；2015 年市场价格走势大好，价格涨至近 6 年来最高，达 6.26 元/公斤，涨幅也扩张至 20.15%；经历价格高峰后，2016 年市场逐渐向常态转型，价格回落至 5.74/公斤，降幅为 8.31%，是近 6 年来莲藕价格的首次跌落；2017 年莲藕价格降至 6 年来最低，降幅达 21.08%（如图 7-1 所示）。

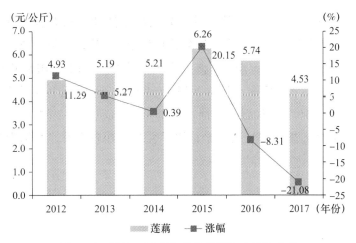

图 7-1　2012~2017 年我国莲藕年度价格走势

数据来源：《农产品价格信息网——农价云》，http://www.3w3n.com/user/priceCurve/goIndex.

（二）茭白：先降后升

2012～2017 年我国茭白价格整体呈小幅上涨态势，由 2012 年的 7.43 元/公斤涨至 2017 年的 8.06 元/公斤，上涨了 0.63 元/公斤，涨幅为 8.48%，年均增长速度为 1.64%。其中，2012～2014 年价格持续性下降，由 2012 年的 7.43 元/公斤降至 2014 年的 6.72 元/公斤，下降了 9.56%，但 2014 年较 2013 年降幅有所收窄。经过连续 2 年的价格滑落，2015 年茭白价格市场开始恢复性上涨，价格达到与 2012 年相同的 7.43 元/公斤，涨幅高达 10.57%；承接 2015 年上涨态势，2016 年、2017 年茭白价格分别继续走高至 7.81 元/公斤、8.06 元/公斤（如图 7－2 所示）。

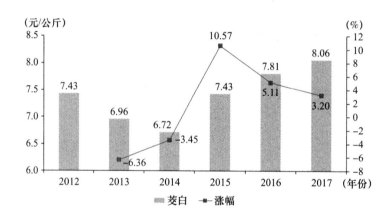

图 7－2 2012～2017 年我国茭白年度价格走势

数据来源：《农产品价格信息网——农价云》，http://www.3w3n.com/user/priceCurve/goIndex.

（三）芋头：先升后降

2012～2017 年我国芋头年度价格整体呈较大幅度波动上涨态势，由 2012 年的 3.78 元/公斤涨至 2017 年的 4.93 元/公斤，上涨了 1.15 元/公斤，涨幅为 30.42%，年均增长速度为 5.46%。近 6 年经历了上涨—下降两个主要阶段：2012～2014 年芋头价格呈扩张性涨势，2013 年涨幅达 31.22%，直到 2014 年达到 5.76 元/公斤的高位价格，较 2012 年涨幅达 52.38%；2016 年开始触顶回落，降至 4.34 元/公斤，降幅达 24.65%，价格回落一直延续到 2016 年，但降幅快速收窄；2017 年价格小幅上升，涨幅为 14.92%（如图 7－3 所示）。

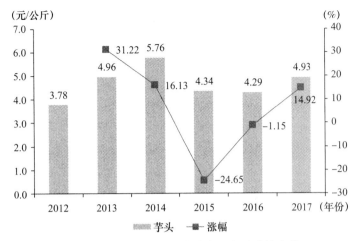

图 7 - 3　2012～2017 年我国芋头年度价格走势

数据来源：《农产品价格信息网——农价云》，http：//www. 3w3n. com/user/priceCurve/goIndex.

二、不同品种月度价格走势

（一）莲藕：月度价格走势呈"凸"形，季节特征明显

莲藕价格走势呈较为明显的"凸"形，年内价格具有明显的季节性，而年间价格走势趋于一致，无明显的长期趋势。莲藕月度价格具有较为明显的阶段性特征，伴随着价格的波峰与波谷。1～2月为莲藕价格上涨期；3～5月价格小幅波动下降，出现价格波谷；6～7月开始大幅上涨，每年7～8月莲藕价格最高；8～12月一路回落。每年的1月、5月和12月是价格的最低点。2015年莲藕市场年度价格达到最高，2017年价格达到几年的新低（如图7－4所示）。

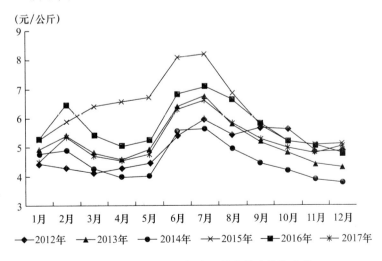

图 7 - 4　2012～2017 年我国莲藕月度价格走势

数据来源：《农产品价格信息网——农价云》，http：//www. 3w3n. com/user/priceCurve/goIndex.

（二）茭白：月度价格走势呈"W"形，季节特征明显

茭白价格呈明显的下降态势，年内价格具有明显的季节性，同时，由于茭白的鲜活特征，不能做到周年供应，市场的供应量和价格成反比。年间价格走势趋于一致，无明显的长期趋势。茭白月度价格阶段性特征明显，出现两次价格波峰与波谷。1~3月茭白价格扩张性上涨，迎来第一个价格高峰，均价达9.54元/公斤；4~6月价格触峰回落，到达第一个价格低谷，均价跌至6.16元/公斤，降幅达35.43%；7~9月价格触底反弹，恢复性涨至7.31元/公斤，迎来第二个价格波峰；10月小幅回落，出现波谷；11~12月价格开始平稳上涨。

在2012~2017年调查年度内，茭白的价格最高出现在2017年的3月，达10.99元/公斤，最低价格出现在2014年的6月，为5.07元/公斤（如图7-5所示）。

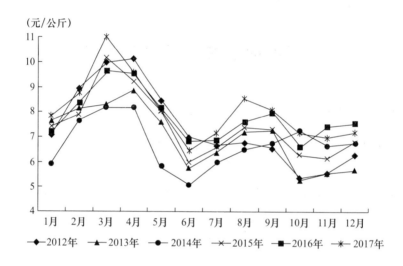

图7-5　2012~2017年我国茭白月度价格走势

数据来源：《农产品价格信息网——农价云》，http：//www.3w3n.com/user/priceCurve/goIndex.

（三）芋头：月度价格走势呈倒"U"形，季节特征明显

芋头年内价格具有明显的季节性，而年间价格走势较为一致，但吻合度不及莲藕和茭白。芋头年内价格主要分上升—下降两个阶段，不同年度内差异较大。2012年、2016年和2017年月度价格走势吻合度较高，1~8月价格持续性上涨，8月价格达到年内最高值；9~12月呈波动性下降。2013年和2014年月度价格走势吻合度较高，1~6月价格持续上涨，7~12月价格持续下降，两个阶段较为对称。2016年全年价格变动较为平稳，1~7月价格最为平稳，8~12月价格季节性回落。整体而言，6~9月是芋头价格的高位值，12月至次年1月是芋头价格的低位值。

在2012~2017年调查年度内，芋头的价格最高出现在2014年的6月，达6.81元/公

斤，最低价格出现在 2012 年的 12 月，为 3.28 元/公斤（如图 7-6 所示）。

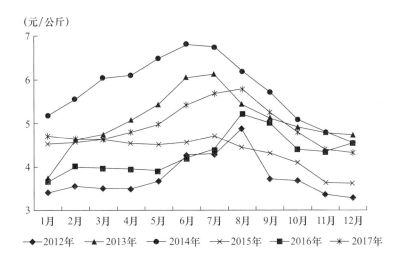

图 7-6　2012~2017 年我国芋头月度价格走势

数据来源：《农产品价格信息网——农价云》，http://www.3w3n.com/user/priceCurve/goIndex.

三、主产区域价格差异

（一）莲藕：涨幅不一，全国均价较高

莲藕的产地原为印度，后来引入中国，目前在我国的江苏、浙江、湖北、山东、河南、河北、广东等地均有种植。比较著名的有江苏省的宝应莲藕和金湖莲藕、山东省的临沂莲藕等，限于数据的可获得性和可靠性，选取江苏省、浙江省、湖北省和山东省莲藕近 6 年价格与全国均价进行比较。

除 2013 年，莲藕的四个主产区价格和全国均价走势整体较为一致，涨幅不一，全国均价较高。

就价格绝对值而言，2012~2014 年莲藕全国均价高于各主产区价格。全国价格在 4.91~5.21 元/公斤，而主产区价格维持在 4.11~4.79 元/公斤；2015 年全国均价高于江苏、湖北、山东的价格，低于浙江 6.65 元/公斤的高位价；2016 年全国均价再次领先于四个主产区价格；2017 年全国均价仅低于浙江 4.82 元/公斤。

就价格涨跌幅而言，除浙江外，2012~2017 年其他各地区莲藕均价均小幅下降。全国莲藕降幅为 8.11%，低于山东的 18.34%，高于江苏的 6.55% 和湖北的 5.56%；浙江价格增幅为 4.78%。2013 年全国均价较 2012 年以 5.27% 的幅度小幅上涨，四个主产区 2013 年莲藕价格均出现小幅下降。2014 年价格均出现上涨，但相对于江苏（15.98%）、浙江（11.11%）、湖北（11.92%）的高幅上涨，全国（0.39%）和山东（3.90%）价

格涨幅较小。各区域莲藕价格一路飙升至 2015 年，其中浙江的莲藕涨幅达 44.57%，同时达到近 6 年来价格最高值 6.65 元/公斤；2016 年莲藕价格均出现大幅回落，尤其是浙江，价格降幅为 16.39%，其次是江苏，降幅为 11.20%，高于全国 8.31% 的降幅；2017 年莲藕价格持续性下跌，特别是山东，价格降幅达 18.34%（如图 7 - 7 所示）。

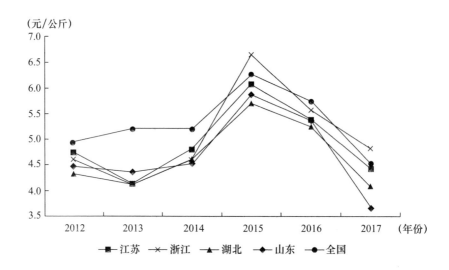

图 7 - 7　2012 ~ 2017 年莲藕主产区和全国价格对比

数据来源：《农产品价格信息网——农价云》，http：//www.3w3n.com/user/priceCurve/goIndex.

（二）茭白：涨幅各异，全国均价较高

茭白的产地分布于我国南北各地，但江苏、浙江、河南等地种植较为有名。限于数据的可获得性和可靠性，选取江苏、浙江和河南茭白近 6 年价格与全国均价进行比较。

除 2016 年，全国均价和各主产区价格走势趋于一致，涨幅各异，全国均价较高。

就价格绝对值而言，2012 ~ 2017 年茭白全国均价高于各主产区价格。全国价格在 6.72 ~ 7.43 元/公斤，而主产区价格维持在 3.75 ~ 6.70 元/公斤；2016 年全国均价高于江苏和浙江的茭白价格，低于河南 7.99 元/公斤的高位价。

就价格涨跌幅而言，2012 ~ 2017 年，全国茭白均价涨幅为 8.48%，低于江苏的 29.72%、浙江的 19.60% 以及河南的 10.17%。2012 ~ 2013 年，全国均价和各主产区均价都呈下降态势，其中河南（23.00%）、江苏（12.10%）的降幅高于全国（6.33%）和浙江（4.20%）；2014 年，浙江以 0.32% 的幅度小幅上涨，其他地区茭白价格均以不同程度继续下滑；2015 年，全国均价以 10.57% 的涨幅快速回升，低于江苏 14.94% 的涨幅，高于浙江 8.41% 的涨幅。而河南价格与之相悖，出现价格滑铁卢，以 14.94% 的降速降至近 6 年来最低点 3.75 元/公斤；2016 年，河南茭白价格恢复性上涨，以 113.07% 的涨幅达到近 6 年来制高点 7.99 元/公斤，其次是江苏价格涨幅为 27.68%，全国均价小幅上涨，而浙江价格不升反降；2017 年，浙江茭白价格涨幅较快，以

17.40%的涨幅高于江苏7.53%和全国3.20%，河南茭白价格则大幅下跌，降幅达17.27%（如图7－8所示）。

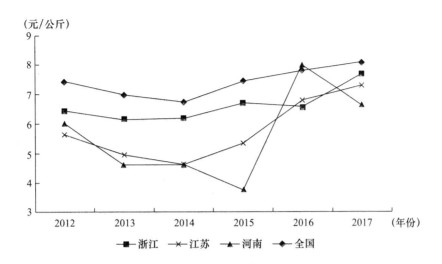

图7－8 2012～2017年茭白主产区和全国价格对比

数据来源：《农产品价格信息网——农价云》，http://www.3w3n.com/user/priceCurve/goIndex.

（三）芋头：走势趋同，全国均价高

芋头的主要产地位于山东、江苏、广西、广东等地。限于数据的可获得性和可靠性，选取山东、江苏和广西芋头近6年的价格与全国均价进行比较。

2012～2017年，芋头全国均价和各主产区价格走势吻合度较高，全国均价略高。

就价格绝对值而言，2012～2014年芋头全国均价高于各主产区价格。主产区价格维持在3.12～5.44元/公斤，全国价格在3.78～5.76元/公斤。2015年全国芋头均价为4.34元/公斤，低于广西的4.54元/公斤和江苏的4.35元/公斤，高于山东的3.59元/公斤。2016年全国芋头价格为4.29元/公斤，高于江苏的3.76元/公斤。2017年全国芋头均价为4.93元/公斤，高于江苏的4.55元/公斤和山东的4.02元/公斤，仅低于广西的6.85元/公斤。

就价格涨跌幅而言，2012～2017年，全国均价以30.42%的涨幅低于广西的119.55%和江苏的37.88%，高于山东的11.98%；其中2014年全国均价涨幅为16.13%，低于山东的34.06%、江苏的33.33%和广西的19.82%；其他年份，不同地区涨跌幅差异较大，全国均价涨跌幅居中（如图7－9所示）。

通过以上从年度价格、月度价格、不同品种、不同区域4个方面对我国水生蔬菜价格走势进行分析及预测，得出以下结果：

第一，我国水生蔬菜总体价格指数和莲藕、荸荠、茭白及芋头年度价格指数走势基本保持一致，表现出明显的阶段性波动下降态势。

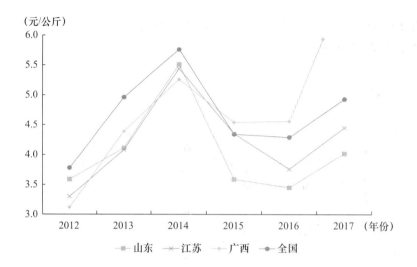

（元/公斤）

图7-9 2012~2017年芋头主产区和全国价格对比

数据来源：《农产品价格信息网——农价云》，http：//www.3w3n.com/user/priceCurve/goIndex.

第二，近6年莲藕、茭白及芋头的年度批发价格整体均表现为上升态势，但期间价格波动幅度和增速差异较大。芋头价格涨幅和年均增速相对较高，分别为30.42%和5.46%；莲藕价格波动型下降趋势明显；茭白价格波动相对平稳。

第三，不同品种蔬菜年内价格具有明显的季节性，而年间价格走势趋于一致，无明显的长期趋势。莲藕和芋头价格走势呈较为明显的"凸"形，基本在6~7月达到价格高位；茭白月度价格阶段性明显，1~6月价格波动较大，在2~3月达到价格高峰，4~6月价格开始走低；7~12月价格较前半年波动较为平稳。

第四，主产区不同品种蔬菜价格走势基本一致，水生蔬菜极强的季节特征是其价格形成较为固定走势的最重要因素。主产区蔬菜价格相对较低，较全国而言，具有一定的价格优势。

第八章 中国水生蔬菜产业发展趋势

一、水生蔬菜产业特性与发展潜力

水生蔬菜是我国特有的蔬菜类型,地域性强,增长空间大,是我国出口创汇的重要蔬菜品类,具有较强的产业发展潜力。在降库存、提品质、增效益的农业供给侧结构性改革中,区域性有竞争力的特色水生蔬菜产业将迎来重大发展机遇。

(一) 节约土地资源

我国土地资源缺乏,南方很多县区人均耕地资源低于0.8亩,低于国际规定的人均耕地红线。水生蔬菜种植不与粮争地,可充分利用湖塘、沼泽低洼地带等水资源和湿地资源。南方很多省份水资源丰富,发展水生蔬菜相比其他农作物具有土地资源优势。

(二) 区域特色明显

水生蔬菜对自然环境有较高要求,目前只有长江流域和珠江流域形成了集中连片的生产,地域性和专业性较强,具有较强的区域优势,是我国特色优势品牌产品。例如荔浦的荸荠和芋头,丽水的茭白,武汉的莲藕,形成了特色鲜明的农产品品牌。

(三) 国际竞争力强

除芋头之外,国际上水生蔬菜鲜有种植。水生蔬菜是中国的优势蔬菜,在国际上有很强的竞争力,被誉为"中国特菜"。国外对水生蔬菜需求量较大,尤其是华人聚居区。目前国内水生蔬菜价格只有国际市场的10%左右,随着"一带一路"倡议的积极推进,国际销售市场前景看好。

(四) 功能农业显著

水生蔬菜具有食品功能和非食品功能。水生蔬菜的化学污染相比其他蔬菜及农作物低或甚至没有,易生产绿色食品和有机食品。水生蔬菜大多为药食同源作物,具有很高的营养和药用价值。另外,水生蔬菜作为我国的传统优势产业,不仅具有高价值的食用及加工特性，在园林景观、水体富营养化和重金属污染的防治方面也具有重要作用。

二、中国水生蔬菜产业发展趋势

在农业供给侧结构性改革和特色农产品优势区创建的契机下，特别是在消费结构日益多元化的大背景下，中国水生蔬菜将迎来产业发展的重大机遇。由于水生蔬菜具有很高的营养价值、药用价值，对目前都市人群的高发病症具有一定的食疗作用，这种特性将迎合小众中产阶层的消费需求，不断丰富消费者蔬菜品种选择。水生蔬菜种植的核心区域是长江流域，其次是珠江流域和黄河流域，产品已辐射至全国。目前来看，水生蔬菜种植面积比例较低，产品结构不合理。调整蔬菜产品结构，是农业供给侧结构性改革的重要环节，也是水生蔬菜发展的重要契机。

（一）种质资源创新带动产品多元化

产品需求多样化发展趋势明显。目前水生蔬菜产品结构较为单一，莲藕独大，其他水生蔬菜占比较小。产品以鲜销为主，加工产品不足 10%。全国消费者的口味、食用习惯均不同，因此针对不同的消费者需求，水生蔬菜产品也会呈现多样化，以满足不同季节需求、不同口味需求、不同外观需求、不同专用性需求。

随着种植技术的成熟，未来产品结构将通过价格机制调节实现均衡发展。

（二）加工技术创新提升经济效益

保鲜、加工产品增加。保鲜加工作为水生蔬菜产业链中重要的一环，对加速产业转型升级、提升经济效益、促进产业发展具有重要的战略意义。越来越多的产品如泡藕带、荷叶茶、莲子汁、马蹄爽饮料、莲原花青素胶囊、莲藕面条、荷塘三宝、鲜切莲藕和青鲜莲子进入市场，取得了巨大的经济效益，且健康、保健功能性产品日益受到消费者青睐。

（三）生产模式创新促进节本增效

生产发展趋势是轻简化、机械化、规模化、高效化。劳动力短缺、劳动力价格的提升直接导致水生蔬菜生产成本提升，所以节省劳动力的生产方式是未来的主要发展趋势。轻简化体现在栽培轻简化、种苗微型化发展；机械化体现在栽培和采挖机械化的推广；规模化体现在种植模式的变化，从一家一户分散经营逐渐过渡到集约化的规模化经营，这种规模化更多的是社会服务规模化。

（四）经营模式创新推动产业转型

水生蔬菜大多是地方特色、优势农产品，特色农产品优势区创建为水生蔬菜创造了新的发展机遇。涌现了以荷花节、垛田文化等为代表的生态功能、文化价值开发；以"藕遇小龙虾"为代表的种养结合高效生产模式；以电商为纽带的特色农产品新销售模式。

三、国内投资前景与风险分析

（一）未来投资前景

水生蔬菜生产效益高，是带动农民增收致富的有力抓手。水生蔬菜产值高，农民种植水生蔬菜的效益是种植水稻的 4 倍。未来水生蔬菜投资热点将在种苗产业、深加工业和三产融合等领域。

1. 水生蔬菜育种业

水生蔬菜种植者能否获取能够满足消费者需求的品种，决定了种植者的收入情况。未来水生蔬菜高品质种苗的需求会非常旺盛。一方面是国内非主产区播种水生蔬菜的需求越来越旺盛，另一方面主产区提升产品品质、发展专用型产品的需求越来越旺盛，需要专业的育种工厂提供省时省力的新型种苗。未来水生蔬菜育种业投资前景广阔。

2. 水生蔬菜深加工

目前加工工艺比较单一，大多是初级加工，产品增值有限，水生蔬菜的营养价值和药用价值开发得不够充分。随着消费者对健康的重视，营养和功能性保健产品的开发是新的发展契机。

3. 三产融合发展

水生蔬菜种植的区域多为池塘、洼地，适于发展三产融合，提升价值链，延长产业链，增加收入。建立"观赏、饮食＋生产基地＋加工基地＋农家乐"（饮食、垂钓）的休闲农业示范区，举办季节性文化活动，以及相关的摄影、绘画、诗歌、散文等比赛，开展生态旅游，提高综合效益，促进地方经济发展。

4. 有机特色蔬菜直供

发挥特色优势区的资源禀赋优势，种植最适宜的品种，依托合作社、企业，通过标准化种植、绿色生产技术进行精细化管理，提升产品品质和口感。通过超市专供、网络直供等方式进行有机特色蔬菜的销售。

（二）风险分析

1. 市场风险

近两年来水生蔬菜价格下降，尤其在主产区水生蔬菜价格下降趋势明显。而其他区域水生蔬菜价格居高不下，尤其是东北三省、新疆、西藏、内蒙古等地。水生蔬菜价格在地域上出现分割，导致供求关系传导错乱。受价格上涨因素影响，山东、陕西、山西、河北等地水生蔬菜种植面积迅猛发展，进一步使主产区水生蔬菜价格加速下降。虽然总量上水生蔬菜不高，但莲藕种植面积占水生蔬菜总种植面积的 43% 左右，产品结构失衡，莲藕价格持续下降。其他水生蔬菜如茭白、荸荠、芋头等在我国北方、西部基本没有消费习惯，对于陌生的品种，消费者的接受程度不确定，品牌化营销的实际作用难以预估。

2. 自然风险

水生蔬菜较一般作物抗自然风险能力强。水生蔬菜多种植在水量充裕的地区，基本不会遭遇旱灾，主要是涝灾。每年汛期，农作物受灾严重，尤其是旱生蔬菜。一般性降雨对水生蔬菜不会产生影响，除非特大暴雨导致水位过高，没过水生蔬菜后得不到及时排水的情况下水生蔬菜会面临绝产的风险。

3. 雇工费用上升

水生蔬菜是劳动密集型产业，采挖需要大量劳动力。目前机械采挖难以适应实践生产的需求，例如机械采挖不利于产品保鲜、对产品外观可能造成损害，因此短时间内劳动力需求比较大。与之相矛盾的是劳动力短缺，劳动力价格不断攀升，使得水生蔬菜雇工费用不断攀升，水生蔬菜生产成本不断攀升，影响农民收入增长。莲藕种植面积较大，产量较高，在生产成本不断攀升的同时，市场价格低，使得不少种植户损失惨重；芋头，由于雇工费用攀升，导致芋头价格竞争力下降，不利于出口。

附　录

一、示范县水生蔬菜生产情况表

附表1　示范县水生蔬菜生产情况

示范县基地	播种面积（万亩）			产量（万吨）			产值（万元）		
	2015 年	2016 年	2017 年	2015 年	2016 年	2017 年	2015 年	2016 年	2017 年
武汉综合试验站——湖北汉川示范县	15.200	16.300	16.390	30.170	29.854	34.264	86901.60	71098.00	81536.80
广昌综合试验站——江西广昌示范县	9.000	10.000	11.300	0.750	0.800	0.850	57000.00	60000.00	65000.00
贺州综合试验站——广西柳江示范县	9.500	10.000	10.700	26.900	28.700	29.700	133600.00	135150.00	121550.00
广昌综合试验站——江西石城示范县	7.630	7.630	8.130	0.740	0.740	0.820	34530.00	34530.00	45580.00
贺州综合试验站——广西平乐示范县	9.500	8.200	8.100	17.100	15.900	17.100	58650.00	61330.00	63840.00
合肥综合试验站——安徽岳西示范县	5.670	5.720	5.760	6.300	6.150	6.350	23100.00	22300.00	23200.00
济宁综合试验站——山东微山示范县	6.200	6.000	5.500	11.160	10.800	9.900	46500.00	18000.00	13200.00
合肥综合试验站——安徽肥东示范县	4.200	4.300	5.000	7.920	7.840	9.650	24700.00	19100.00	31000.00
合肥综合试验站——安徽贵池示范县	3.500	4.500	4.900	6.095	8.095	8.895	53850.00	56850.00	57650.00
十堰综合试验站——湖北襄州示范县	5.382	3.600	3.960	—	—	—	—	—	—
渝东南综合试验站——重庆合川示范县	3.619	3.901	3.826	8.201	8.424	8.430	13954.00	14572.00	14464.00
渝东南综合试验站——重庆涪陵示范县	2.684	3.190	3.697	6.135	6.415	6.838	—	—	—
广昌综合试验站——江西莲花示范县	2.820	3.220	3.320	0.180	0.200	0.190	11280.00	14480.00	10580.00
杭州综合试验站——浙江余姚示范县	2.780	2.540	2.800	5.310	3.980	5.270	14528.00	14028.00	14756.00
南昌综合试验站——江西信丰示范县	2.550	2.670	2.790	1.060	1.140	1.230	—	—	—
杭州综合试验站——浙江黄岩示范县	3.293	3.195	2.700	11.089	9.717	—	—	40917.00	—
杭州综合试验站——浙江桐乡示范县	2.700	2.700	2.700	6.360	4.710	6.060	13788.00	15491.40	14381.50
合肥综合试验站——安徽舒城示范县	2.100	2.470	2.580	3.350	3.850	3.890	5610.98	7450.00	7428.00
合肥综合试验站——安徽铜陵示范县	1.710	6.000	2.090	2.720	2.720	3.440	7944.00	7351.00	8772.00
南昌综合试验站——江西永丰示范县	0.430	1.875	2.080	0.177	0.231	0.235	2220.00	6300.00	5800.00
石家庄综合试验站——河北安新示范县	1.500	1.500	2.000	1.800	1.650	1.800	7.20	5.28	4.32

续表

示范县基地	播种面积（万亩）			产量（万吨）			产值（万元）		
	2015年	2016年	2017年	2015年	2016年	2017年	2015年	2016年	2017年
十堰综合试验站——湖北郧阳示范县	1.860	1.825	1.825	0.955	1.620	1.620	—	—	—
十堰综合试验站——湖北谷城示范县	1.350	1.450	1.500	2.380	2.380	2.395	5950.00	5950.00	5985.00
长春综合试验站——吉林秀洲示范县	4.050	0.466	1.478	6.870	7.780	7.051	—	—	—
贺州综合试验站——广西荔浦示范县	3.350	1.550	1.300	35.700	28.700	22.700	74700.00	71700.00	69300.00
德州综合试验站——山东齐河示范县	1.000	1.230	1.230	0.500	0.600	0.600	1500.00	1500.00	1900.00
成都综合试验站——四川船山示范县	1.000	1.000	1.200	2.250	3.300	4.200	6075.00	8910.00	9450.00
南昌综合试验站——江西南昌示范县	0.840	0.880	0.960	1.810	1.910	1.330	4362.00	23324.00	33524.00
南昌综合试验站——江西瑞昌示范县	0.700	0.700	0.750	1.800	1.800	2.000	5560.00	5560.00	5800.00
渝东南综合试验站——重庆垫江示范县	0.507	0.514	0.560	1.166	1.182	1.288	2798.00	2837.00	3091.00
十堰综合试验站——湖北房县示范县	0.360	0.369	0.552	0.780	0.606	1.085	1168.00	928.00	2130.00
大理综合试验站——云南鹤庆示范县	—	0.429	0.434	—	0.497	0.503	—	1242.72	1140.96
十堰综合试验站——湖北竹山示范县	0.250	0.300	0.400	0.500	0.600	0.800	1500.00	1800.00	2400.00
大理综合试验站——云南弥渡示范县	—	0.347	0.397	—	0.524	0.622	—	1675.74	1740.50
渝东南综合试验站——重庆丰都示范县	0.152	0.075	0.376	0.427	0.584	0.489	2057.30	1462.00	1467.00
昆明综合试验站——云南广南示范县	0.120	0.164	0.200	0.256	0.330	0.400	1081.30	1394.90	1737.52
大理综合试验站——云南洱源示范县	—	0.150	0.150	—	0.335	0.335	—	1693.00	1864.00
大理综合试验站——云南祥云示范县	—	0.146	0.140	—	0.229	0.210	—	1072.50	906.00
遵义综合试验站——贵州绥阳示范县	0.010	0.050	0.090	0.020	0.100	0.180	40.00	200.00	360.00
南昌综合试验站——江西高安示范县	0.080	0.080	0.080	0.280	0.280	0.280	—	—	—
贺州综合试验站——广西八步示范县	2.370	—	—	2.829	2.518	—	5229.00	6.55	—
湘西综合试验站——湖南凤凰示范县	—	—	—	0.150	0.150	0.160	1040.00	1065.00	1030.00

二、主要水生蔬菜生产基地

（一）丽水缙云茭白

全县常住人口在36万左右，其中2.5万人从事茭白产业，占常住人口的7%左右。2016年全县蔬菜种植面积8133平方公里，年产量22.3万吨，产值4.86亿元。同比2015年增幅分别为2.6%、2.67%、11.5%。其中茭白种植面积4033平方公里，增幅6.7%；产量增长1000吨左右，达到9.95万吨；产值3.2亿元，增幅6.7%。茭白种植面积占全县蔬菜种植面积的49.59%，产量占全县蔬菜种植面积的44.62%，产值占全县蔬菜产值的65.84%。

1. 充分利用地貌特征，发展高山茭白

缙云县位于浙江省南部腹地、丽水地区东北部。地处武夷山-戴云山隆起地带和寿昌－丽水－景宁断裂带的中断。地貌类型分中心、低山、丘陵、谷地四类，其中山地、丘陵约占总面积的80%。地势自东向西倾斜。由于地势起伏升降大，气温差异明显，具有"一山四季，山前分明山后不同天"的垂直立体气候特征。全县大部属亚热带气候，四季分明，温暖湿润，日照充足。缙云县根据不同品种、不同海拔、不同维度，充分规划茭白生产布局，形成了以高山茭白为主、双季茭白为辅的茭白种植格局，实现了从2月中旬到12月初都有新鲜茭白上市，同时，利用保鲜冷库实现了茭白周年生产和销售。

2. 生产技术领先，栽培模式高效

依托"十三五"国家特色蔬菜产业技术体系，建设缙云茭白示范基地，基地规模667平方公里，开展茭白新品种、薹管平铺育苗、结茭期调节、茭瓜套种、茭鳅共育、精准施肥、病虫绿色防控、产品质量风险评估、茎叶综合利用等新技术。缙云茭白形成了当地特色的高效生产模式：单季茭白割叶延迟结茭技术；双季茭白大棚＋地膜覆盖栽培技术；茭白田间套养甲鱼（泥鳅）生态种养模式；茭白田间套种瓜类模式；单季茭白—茄子轮作模式；早稻—茭白—晚稻两年制轮作模式；茭白叶作为有机肥料循环利用模式。其生产技术在全国领先，栽培模式高效，农民收益高。特别是延迟结茭技术，使收获期推迟，茭白收获淡季收获价格高，农民增收显著。

3. 规划先行，品牌化发展

培育农业产业集聚区和特色农业强镇（"一区一镇"），加快农业全产业链发展，拓展农业多功能。通过《缙云县大洋茭白特色农业强镇发展规划》和《缙云县新建茭白特色农业强镇的发展建设规划》引领缙云茭白产业发展。缙云县政府高度重视农产品品牌建设工作，持续推进品牌提升行动，发展多层次、多样化、高品质的农产品，实现农业品牌整合抱团、优化升级。将农业生产嫁接旅游市场，挖掘生态农产品市场潜力，提升缙云县乡愁旅游品牌魅力，实现生态精品主客共享。制定发布了《缙云县加快推进农产品转化为旅游地商品三年行动计划》和《缙云县农产品转化为旅游地商品工作实施方案》。

（二）台州黄岩茭白

黄岩区隶属台州市，位于浙江黄金海岸线中部，属于亚带季风性气候，适宜茭白种植。2010年被命名为"中国茭白之乡"。2017年全区茭白播种面积3600平方公里，总产量88259.37吨，总产值37334.8万元。夏茭全部设施栽培，其中大中棚比例达80%以上，是我国最大的设施茭白基地。

1. 总体规模下降，布局向优势产区聚集

2004～2017年黄岩茭白总体规模下降，单产水平提升，产值稳步增长。①从种植规模看，2004年黄岩区茭白播种面积4200平方公里，其中夏茭2000平方公里，秋茭2000平方公里，单季茭200平方公里。到2017年下降到3600平方公里，下降幅度为14.28%，2004～2017年平均每年下降1.18%。2004～2017年产量先升后降，2004年黄岩区茭白总产量为9.5万吨，到2011年上升为10.98万吨，2011～2017年产量下降，2017年下降到9.0万吨。②从单产水平看，2004年黄岩茭白单产约为22.62吨/公顷，2017年增长为25

吨/公顷，单产增长 10.52%。③从产值情况看，2004 年黄岩茭白产值为 1.6 亿元，占全区农业总产值的 14.5%，2011 年增长为 2.94 亿元，占全区农业总产值的 18.63%，2015 年持续增长为 4.39 亿元，占全区农业总产值的 19.78%。2015～2017 年出现下降，2017 年黄岩茭白总产值 3.74 亿元，较 2015 年下降 14.81%，与产量下降有关。从茭白占农业总产值的比重看，茭白产业是黄岩区农村经济发展的一大农业支柱产业。

附表 2　黄岩茭白生产情况

年份	播种面积（公顷）	产量（万吨）	产值（亿元）	占全区农业总产值比重（%）
2004	4200.00	9.50	1.60	14.50
2011	—	10.98	2.94	18.63
2015	3753.30	10.28	4.39	19.78
2017	3600.00	9.0	3.74	—

数据来源：浙江省台州市黄岩区蔬菜办公室。

黄岩区茭白逐渐集中连片种植，向优势产区聚集。目前主要分布在长潭水库下游的头陀、新前、澄江、北洋、高桥等乡镇街道，占黄岩区茭白总种植面积的 80% 左右。黄岩头陀下岙茭白基地是连片面积最大的茭白种植基地，基地以岙村为中心，涉及周边溪坦、店头、南岙等 10 多个村，连片面积达 600 平方公里，占黄岩区茭白总面积的 16.67%。

2. 以设施栽培、培土护茭技术为特色

夏茭全部设施栽培，其中大中棚比例达 80% 以上，每年 11 月覆膜，培土护茭是该地独有特色。培土护茭技术和设施栽培技术使黄岩茭白提早上市 40 天左右，一般年份在 3 月 10 日左右设点收购，前期以供应省内市场为主，过 20～30 天后出运省外。4 月为茭白上市旺季，销往全国各地，并在华东地区具有较高的知名度和美誉度。

3. 夏茭为主，秋茭为辅

黄岩茭白以浙茭 3 号为主（双季茭白的一种），种植面积在 1333 平方公里左右。其余为黄岩双季茭白，黄岩的单季茭白非常少。双季茭白中以夏茭为主，秋茭为辅。夏茭种植面积在 1800 平方公里。夏茭平均亩产量 2552.76 公斤；平均亩产值为 12325.72 元；总产量为 68924.4 万吨，总产值为 33279.44 万元。秋茭种植面积 1800 平方公里，平均亩产量为 716.11 公斤；平均亩产值为 1501.98 元；总产量为 9334.97 吨，总产值为 4055.35 万元。夏季是茭白上市的旺季，秋冬季节是茭白上市的淡季，但是价格高，农民种植效益高。而黄岩地区秋茭受生产技术、农民传统种植模式的影响，忽视秋茭的管理，使秋茭产量低，品质差，对农民增收产生不利影响。

4. 冷链物流助力销售渠道扩展

茭白作为鲜活农产品，自然状态下贮运期很短，常温下只能保存 1～2 天，如不及时运销或运销环节不科学，容易老化变质或腐烂，失去食用和商品价值。目前全区专业从事茭白贩销人员已经达到 400 人左右，70 多班次 95% 以上产品销往上海、江苏、安徽、湖南、山东等 20 多个省市，形成了一个比较固定的销售网络、采后处理链（收后预冷、冷藏）。茭白贩销大户租赁冷库，茭白现在可以冷藏 3 个月，最适保鲜期在 2 个月以内。冷藏时期以低价期夏茭及秋茭为主（冷藏产品色泽接近鲜采产品）。目前，区内茭白年冷藏量在 5000 吨左右，区内冷库有 13 个，冷藏能力达 25700 吨（黄岩区最早茭白冷藏始于 1999 年至 2000 年，2 ~ 3 年后大量开始）。冷藏成本每月 0.34 ~ 0.4 元/公斤。冷链物流的建立，促进了销售渠道的扩展，目前黄岩茭白的主要市场有常州、南京、张家港、南通、常熟、苏州、无锡、上海、石家庄、合肥、安庆、南昌、广州、厦门、福州、武汉、长沙、北京、西安、广西、四川、重庆、哈尔滨、新疆等省份的超市，尤其是杭州华联超市、华与科技有限公司等，每天 2 ~ 3 吨，一年供应 10 个月。其他还有麦德隆、乐购等五六家超市。

茭白产业主要问题：①茭白实现机械化存在问题，由于同株茭白成熟时间不同，茭白采收环节机械化比较难以实现。②保鲜、加工技术落后，产业化水平低。③生产效益高，农民扩种、提产心切。④茭白秸秆污染水质问题急需解决，否则影响茭白产业发展。⑤劳动力老龄化，效率低，价格仍在攀升。

（三）泰州兴化龙香芋

兴化龙香芋已有近 400 年的种植历史，主要种植在兴化城东郊的垛田镇，该镇地处北纬 30°40′、东经 119°43′。全镇辖 22 个行政村，总人口 5.6 万人，耕地总面积 1500 平方公里，其中兴化龙香芋种植面积在 400 平方公里左右。龙香芋亩产 2000 千克，按市场价 5 元/千克计，每亩产值高达 1 万元，扣除 3000 元成本，亩收益 7000 元，全年亩收益 1.3 万元/亩。

由于种植于独特垛田系统，土壤养分丰富，加之优质品种及有机型栽培方式，兴化龙香芋口感独特、品质优良，是远近闻名的传统特色农产品，在品质、特色、文化内涵等方面具备独特亮点。

1. 垛田文化助力产业发展

兴化垛田传统农业系统，2013 年 5 月被农业部列入首批"中国重要农业文化遗产"，2014 年 4 月被联合国粮农组织认定为"全球重要农业文化遗产"。中央电视台《舌尖上的中国》第一季在《我们的田野》一集介绍了兴化龙香芋，自此兴化龙香芋知名度迅速提升。兴化龙香芋于 2014 年获国家地理标志产品。兴化垛田古称"葑田""架田"，经历了利用自然、架木浮田、垒土成垛的"造田"过程，大面积形成于唐宋年间。垛田四周环水，垛水相依，大小不一，形状各异，是低洼沼泽地水土利用的典范，具有悠久的农耕文化、传统的种养方式、丰富的生物多样性、绝美的四季风光，孕育了兴化龙香芋、兴化油菜、兴化香葱、兴化大闸蟹、兴化大青虾等一批独具地方特色的农产品。目前，兴化拥有垛田面积 47 万亩，其中核心面积 6 万多亩。

2. 园区建设推动三产融合发展

市委、市政府高度重视兴化龙香芋发展，在垛田镇高荡村建设兴化龙香芋产业园。园区规模 1730 亩，其中耕地 1180 亩（南北中心河东 560 亩，河西 620 亩，龙香芋与香葱轮作种植）、水面 430 亩、湿地 120 亩。围绕垛田传统农业系统的保护和兴化龙香芋产业化开发，通过对兴化垛田传统农业系统和兴源、生态、经济和社会的协调发展，恢复兴化垛田原生态地貌的同时，传承兴化龙香芋传统的农业种植技术，实现兴化龙香芋产业化发展。

依托江苏省农科院等科研院所的技术支持，按照兴化龙香芋主导产业、主体品种、主推技术的要求，进行兴化龙香芋种植总体规划。本着"建设、示范、推广"并重原则，开展兴化龙香芋脱毒组培苗的实验种植，加强对兴化龙香芋储藏保鲜技术研究，对兴化龙香芋生产技术进行研究。

园区内龙香芋生产严格执行无公害（绿色）农产品生产技术规范。邀请农业专家开展技术规程培训，提高龙香芋标准化种植水平。加强对农业投入品的监管，建立生产档案，对生产的全程实施可追溯管理，确保龙香芋的质量安全。

（四）泰州兴化周奋乡莲藕套养基地

从 20 世纪 70 年代开始，泰州开始大面积种植莲藕，并将藕制品作为主要农产品。目前，泰州市莲藕种植面积 6 万亩左右（最高达到 12 万亩），产量 30 万吨以上，产值 6 亿元左右，是泰州市水生蔬菜特色产业之一。随着莲藕种植规模不断扩大，泰州莲藕种植效益下滑，各地积极探索高效生产模式，以增加收益。泰州市根据莲藕生产特点，积极探索莲藕—水产套养模式、莲藕—蔬菜"水旱轮作模式"、三产融合发展休闲农业。

1. 莲藕—龙虾套养增加效益

周奋乡位于兴化西北部，是一个以农业为主的乡镇，以水产养殖著称。前几年，由于水产养殖效益的滑坡，养殖水面利用率低，承包金额不高。因此荷藕套养小龙虾这种模式得到推广，解决了困扰水产养殖的难题，并已成为发展该乡农业经济和农民致富的主要途径之一。目前全乡藕塘套养小龙虾面积已达 7000 亩，亩平均效益在 2500 元左右。比水产养殖亩增效 1000 元左右，降低了水产养殖投资的风险。

2. 合作社带动农民增收

兴化市周奋乡显东水产品专业合作社，成立于 2015 年 5 月，作为最早实行荷藕套养小龙虾成功的典型，为荷藕套养小龙虾的农户提供了样本。荷藕套养小龙虾新型种养模式投入少，风险小，产出效益高。在荷藕采收后的空闲期套养小龙虾可提高藕塘的利用率，同时塘中水草可作为小龙虾的天然饵料，做到了生态除草。反过来，小龙虾的排泄物还为藕塘增加有机肥料，实现了良性循环。

目前，合作社已拥有基地 2600 多亩，净资产 800 万元，成员 24 人，年销售 1000 万元，创利 400 多万元，带动就业 200 多人，为 200 个家庭年均增收近 2 万元。2015 年 10 月 CCTV 中央 7 套《每日农经》栏目在基地拍摄了《小龙虾多赚钱的秘密》在网上的点击率非常高，方圆近百里的养殖户纷纷前来取经学习。时任江苏省副省长徐鸣、泰州市市长史立军、副主席陆晓声、兴化市领导以及农业部、省海洋渔业局专家先后来基地调研视察，对周奋荷藕套养小龙虾这种投资少、风险小、回报高的种养殖结合的新型高效农业模式都给予充分肯定。"显东水产"不但追求经济效益，更注重农产品的品质，2015 年底由该合作社种植的荷藕送选"第六届 CCTV 魅力农产品嘉年华——四川蒲江之夜"现场，作为兴化荷藕被评为全国"十大农产品"，养殖的龙虾代表兴化小龙虾的样本通过国家农业部农产品质量安全检测。

当前，荷藕价格一路下滑，如何应对低迷的荷藕市场，"显东水产"又进行了新一轮的挑战。"显东水产"在 9 号基地斜沟塘口又进行了新一轮的调整，借助于该塘口相邻景点的契机，建设一些餐饮休闲、垂钓、绿化、观摩的道路，走"农旅双链模式"的休闲农业之路，以旅游开发吸引人气为起点，倾力打造荷藕、小龙虾品牌，发展休闲农业，实现了三产融合发展。

（五）微山高楼乡莲藕小龙虾套养基地

微山县位于山东省南部，地处鲁苏两省三市九个县市区接合部，是山东的"南大门"。总面积 1780 平方公里，其中微山湖面积 1266 平方公里，占全县总面积的 2/3，占全省淡水量的 45%，是我国北方最大的淡水湖，被誉为"鲁南明珠""齐鲁灵秀"。

1. 水资源丰富，种植莲藕和养殖历史悠久

微山县种植莲藕面积 5 万亩，全部是浅水藕。其中高楼乡 3 万亩，占全县莲藕面积的 70% 左右，基本是"莲藕 + 水产养殖"模式。高楼乡处于微山湖中面积最大的南四湖，占南四湖水域面积的 1/3，水资源丰富，自古以捕鱼为生，20 世纪 80 年代开始发展养殖业，被称为"中国河蟹之乡"。

2. 种养能人与科研工作者密切合作

2003 年高楼乡种养能手配合渔业专家莲藕套养小龙虾试验成功，在试验过程中发现，藕田中的龙虾产出率高，病害少，龙虾品质高，浅水藕田适宜套养小龙虾、螃蟹。"藕虾生态互补共生模式"最大的好处接近于原生态的水域环境，能有效地利用水面。小龙虾既能为莲藕提供底肥，又能增强莲藕底泥的透气性，增加莲藕的产量；莲藕和水草也能为小龙虾净化水质和提供天然饵料。7 月以前捕小龙虾，7 月以后采莲叶、莲蓬、莲藕。藕虾轮作生态互补、和谐共生，互不影响、效益明显。

3. 生产模式灵活降低市场风险

高楼乡"藕虾生态互补共生模式"根据市场情况采取三种不同的生产模式："莲藕 + 小龙虾""荷叶 + 藕带 + 小龙虾""早期藕 + 荷叶 + 小龙虾"。近年来莲藕价格下跌，高楼乡农民受影响较小，主要得益于灵活的生产方式，近几年农民选择抽藕带、挖早期藕，采荷叶代替采挖莲藕，以获得更高收益。

4. 组织化程度低，产品增值有限

高楼乡农民世代传承会养殖、会种植莲藕，因此在高楼乡掌握套养技术不困难。以一家一户分散生产为主，销售量 90% 以上为地头销售，附近 300 公里内的批发市场经纪人到高楼乡收藕。高楼乡种养能手董平于 2008 年发起设立合作社，社员 120 户，生产面积共计 8600 亩，其中 1000 亩土地集中流转给董平，由董平负责生产，其他 7600 亩均是一家一户分散生产。合作社通过政府、科研单位获得莲藕新品种、套养新技术。合作社使用无人机施肥打药，降低人工成本，社员使用无人机施肥打药服务费为 15～20 元/亩。高楼乡仅有一家莲藕加工企业，半成品加工。该公司收购卖相不好的莲藕加工，加工成半成品后卖给大企业制作藕粉。

三、水生蔬菜产业投资案例

（一）莲藕产业投资案例

1. 江苏响水连万家莲藕专业合作社

地址：江苏省响水县张集中心社区韩荡村。

主营产业：莲藕、苗木种植与销售；水产品养殖与销售；拥有 5000 亩高产高效优质有机浅水藕种植基地。

经营模式：采取"合作社 + 基地 + 农户"的经营方式，投资 3500 多万元兴办"响水县连万家莲藕专业合作社"，配套引进了先进的浅水藕脱水加工设备，形成集"生产—加工—销售"为一体的产业链。

引进国外品种：引进 600 多吨美国花旗莲等优质高效莲藕新品种，包括：南斯拉夫雪莲藕、泰国新一号、美国花旗莲等。

发展立体养殖：采用扬州大学农学院的科研成果，采用立体养殖的方式，套养龙虾、泥鳅、甲鱼、菱角等。

深加工产品出口创收：江苏天荷源食品有限公司，为响水连万家莲藕专业合作社配套的一个集生产、加工、销售于一体的专业化浅水藕深加工农业龙头企业，其生产能力年可生产加工浅水藕 20000 余吨。主要产品：藕粉、莲藕汁、藕茶叶、藕粉圆等浅水藕深加工产品，自主品牌：天荷源莲藕汁。

经济效益：2014 年产莲藕最低亩产 3600 斤，平均亩产 4000 斤（留莲藕种后），销售均价 2.5 元/斤，每亩投入 3000 元，每亩利润 6000～7000 元。另外泥鳅、甲鱼、菱角等每亩利润达 1000 元以上。

2. 河北望都恒业专业合作社

地址：河北省保定市望都县赵庄乡小辛庄村。

主营产业：莲藕种植销售；专业有机肥生产销售；莲藕品种选育与莲藕产品深加工；农村电子商务与休闲旅游等业务。拥有 3500 亩有机浅水莲藕种植基地以及加工能力 5000 吨的莲藕加工厂。

经营模式：采取"加工 + 基地 + 农户"的产业化发展模式，形成莲藕品种引进、选育、推广、莲藕深加工及产供销为一体的产业链条，并发展电子商务与休闲旅游产业，实现一二三产业融合发展，推动现代农业良性发展。

引进与培育新品种：恒业合作社以河北农业大学、望都县农业局、保定日光温室蔬菜综合试验推广站为技术依托，建立组织培养室，聘请专家对我国雪莲藕优良品种进行提纯、复壮、脱毒等技术改良，培育出浅水莲藕新品种庆都雪莲藕，是我国首个通过有机食品认证的"水果莲藕"。

品牌建设与宣传：河北省望都县恒业专业合作社注册了"庆都莲""荷花淀""不染"等品牌商标。望都县小辛庄千亩浅水莲藕基地被评为 2015 年河北省美丽田园；2016 年被北京新发地中央批发市场批准为"北京新发地中央批发市场供京津蔬菜应急基地"。中央电视台、人民日报、新华网、河北经济电视台多次对恒业庆都雪莲藕基地进行专题报道。

深加工产品：莲藕加工产品包括莲藕粉条、莲藕粉丝、莲子、荷叶茶、藕片等浅水藕深加工产品。其中莲藕粉条、粉丝作为新型莲藕产品填补了市场空白，发展迅速，莲藕凉茶饮品也已进入研发阶段。

经济效益：2015 ~ 2016 年，恒业合作社莲藕基地亩产 6000 斤，商品莲藕达到 3500 斤，平均销售均价 1.72 元/斤，通过批发市场销售每亩利润 5000 ~ 6000 元，通过零售市场与电子商务销售每亩利润在 10000 元以上。另外基地已通过青蛙、泥鳅的养殖许可，有 8 个生产基地开始试养殖，预计亩收益将达到 10000 元以上。

3. 湖北华贵食品有限公司

地址：湖北省洪湖市万全工业园。

湖北华贵食品有限公司是一家集水生蔬菜、淡水鱼类种养、研发、加工、储运、销售及农业产业化全程式服务于一体的省级重点龙头企业、湖北省高新技术企业。公司生产的泡藕带、莲饮品和淡水鱼三大系列十多个品种畅销全国各地。公司因势利导，积极消化每年 5 ~ 8 月集中上市时的"过剩产能"，力避"藕贱伤农"。从藕带的种植，进而到研发"洪湖农家"牌洪湖藕带，以一个新产品开拓一个新市场，带出一个新产业。将洪湖藕带打造成湖北特色产业的亮丽名片。2016 年泡藕带销售收入 45985 万元，直接带动农民增收 15000 万元。

区域化布局，推动种养结合调整。

公司从江汉平原的资源禀赋出发，从 2011 年起与武汉市农科院蔬菜研究所合作，选育适合在江汉平原种植的品质优、经济效益好的藕带新品种华贵 1 号和武植 2 号。2011 年亩藕带单产达到 1000 斤以上，产值 7000 元以上。藕带的种植既能解决一些精养鱼塘富营养过剩的问题，净化水体水质，又能提高池塘的经济效益。汉河镇 20 个村、万全 16 个村等 100 多个村水系条件差、淤泥深的鱼塘以及部分低湖田纷纷加入藕带种植行列。截至 2017 年底，公司带动藕带种植农户近万户，面积超过 20 万亩。辐射到了江汉平原的仙桃、监利、嘉鱼、公安等县市。

标准化生产，带动农民增产增收。

一是制定企业标准，规范企业行为。近年来公司先后制定了《洪湖藕带种植规程》（Q/HYG 0004S – 2014）等藕带种植、藕带加工标准 9 部。标准的制定和实施客观上促进了农业生产的标准化程度。即在农业生产过程中的栽培管理技术、病虫害防治等按标准规程执行，确保向加工环节提供的是品质优、无病虫害、无农药残留的优质原料。同时，种植农户通过对标准的运用，藕带产量提高，品质提升。每亩藕带单产比常规种植高150斤以上，按每斤7元计算，亩均增收1050元。签种植订单的农户面积10万亩，仅此一项直接带动农民增收就达1.05亿元。

二是参与制定行业标准，引领行业发展方向。从2014年开始，与华中农业大学、湖北省食品安全监督检验研究院联合制定泡藕带行业标准，华贵公司是唯一参与《湖北泡藕带》（DBS42/009 – 2016）食品安全地方标准制定的企业。此标准填补了泡藕带行业无标准执行的空白。本标准已由省卫计委于2017年1月17日颁布实施。

现代化加工，促加工业转型升级。

一是加大基础设施的投入力度。近几年公司先后投资近亿元，建设了标准化车间3栋，建筑面积26000平方米；藕带精深加工生产线4条，冷库冷藏量2万吨；年加工处理水生蔬菜能力5万吨，是江汉平原最大的水生蔬菜加工企业。二是与华中农业大学密切合作，转化其具有国际先进水平的《即食藕带加工关键技术研究与示范》科技成果。该成果处于国际领先水平。"洪湖藕带"（泡菜系列）推向市场后消费者反响强烈。公司销售一年一个台阶。三是引进现代化的先进加工设备，使洪湖泡藕带在全国蔬菜加工行业中率先实现了机械化、智能化、规模化和现代化，推动了食品工业的转型升级。

品牌化销售，洪湖藕带走向世界。

一是注册了"洪湖农家""华贵"两个商标。二是实行"三品一标"认证。目前，"洪湖农家"牌"洪湖藕带"已通过绿色食品（编号LB – 17 – 1410174794A）认证和地理标志保护产品（国家质监总局2015年第156号公告）认证。三是积极参加国内和国际各类食品博览会，2016年8月、10月先后参加了美国地道中国产品推介会和法国巴黎SIAL国际农产品展示会。宣传推介洪湖藕带，并多次获得金奖。同时，公司还在淘宝天猫、阿里巴巴、京东等开设网店，充分利用电子商务平台进一步扩大"洪湖农家"泡藕带的销售量和影响力。现在，洪湖藕带已远销美国、澳大利亚、新加坡等近10个国家和地区。四是实施名牌战略。2014年12月洪湖农家牌"洪湖藕带"荣膺"湖北名牌产品"。目前，洪湖藕带（泡菜系列）已成为湖北特色水生蔬菜精品名牌。自2012年上市以来，市场份额从30%升至78%逐年提升，深受消费者的青睐。湖北华贵食品已成为全国水生蔬菜加工行业的领军企业。

产业化经营，实现农企持久发展。

公司按照"公司＋基地＋农户"的产业化模式，实行订单农业，一头连着农户，一头连着市场。产前与农民签订合同并将新品种统一配送到户；产中提供技术指导，保证栽培管理、病虫害防治等按标准规程执行，确保藕带绿色、生态，为加工环节提供优质料；产后由基地代表（合作社负责人）保护价收购产品。现已形成了以洪湖种植加工基地为核心，以武汉销售为重点，辐射中原，面向世界线上线下齐头并进的销售体系。

4. "互联网+"企业：湖北惠致农贸有限公司

地址：湖北省汉川市城北经济开发新区。

主营产业：鲜藕、藕带种植、加工、销售，主要产品有鲜藕、水煮莲藕、卤制藕片、泡藕带、藕粉等。

经营模式：采用"公司+基地+农户+协会"的生产经营模式。公司共有9个生产基地，其中4个自有基地，两个加工基地。自有基地约2万亩，辐射面积达到3万亩，主要是汉川市和应城市。

互联网+营销模式：依托汉川志成莲藕公司开展水生蔬菜品牌建设，成立了水生蔬菜协会，全市35家大型莲藕种植、加工企业加入，共同推进品牌宣传、建设。2017年"楚荷香"莲藕被湖北省农业厅授予湖北名藕称号。产品在淘宝、京东均有销售，并与北京未来生活网合作进行网上销售。

经济效益：公司以鲜藕生产、销售为主，加工为辅，加工量占10%左右。每年销售、加工鲜藕量700~800吨，销售额达到2亿元。

5. 莲子加工企业案例：福建文鑫莲业股份有限公司

地址：福建省三明市建宁县。

主营产业：生产和销售以莲子为主的干果、坚果类等休闲食品、方便食品等。

经营模式：通过"公司+农户+合作社+基地+科研"的产业化发展模式，依托文鑫建莲种苗示范基地的建设，为莲农提供优质藕种、技术服务、种莲补助、最低保护价收购等。公司种植基地6万余亩，建立健全基地生产全过程记录，保证莲子的质量及可追溯性。

产学研推动精深加工：通过产学研合作与福建省轻工研究所、福建省农林大学、中国农业大学合作成功开发了"文鑫"牌莲子糊、婴儿莲子米粉、莲藕粉、即食莲子"速溶莲茶""婴儿速溶米粉"等系列产品，其中即食莲子"速溶莲茶""婴儿速溶米粉"获得国家发明专利，填补国内空白。

经济效益：基地莲子亩产量比原来提高了20~35斤，亩增收800~1400元。2014年每户社员获得盈利返还2000元。月产量1000公吨，年出口额1亿元以上，年营业额1亿元以上。2016年公司毛利率为21.22%，净利率为8.26%。

（二）茭白产业投资案例

1. 浙江缙云县前路茭白精品园

地址：浙江省缙云县前路乡。

主营产业：茭白种植，茭白新品种、新模式示范，茭鸭立体养殖。

品种与栽培模式：金茭1号、丽茭1号等新品种；一种二收促早栽培示范；生态茭白养鸭基地示范。

经营模式：采用"合作社+农户"的经营模式，建有完善的订单机制，形成保护价收购。新建茭白精品园由缙云县昊禾茭白专业合作社承担实施，投资建设政府进行一定资金补贴。

责任农技推广制度：生产全程落实责任农技推广制度，实行首席专家负责制，做到各区块责任农技员到位，工作任务量化到人。引进多个新品种，应用大棚促早熟栽培示范、双季茭露地栽培、双季茭套种丝瓜栽培等栽培新模式。

品牌化营销：注册了"应氏"产品商标，实行了品牌经营；基地被省农业厅确认为无公害农产品基地，在全国形成完善的产品销售网络和产品销售渠道，产业化水平得到明显提高，茭白产品远销全国各大中城市。

投资收益：项目总投资 671.4 万元，其中财政投入 88.5 万元，业主自筹 582.9 万元。建设单季茭一种二收精品园 100 公顷，辐射带动县内外基地 667 公顷。

经济效益：按照 20.33 公顷计算，实际项目总效益 56.36 万元；冷库贮藏茭白 475 多吨，每吨增加收入 1000 元，共增加收入 47.5 万元；实施统防统治和绿色防控，每亩减少人工和农药成本 80.00 元，共增收节支 12 万元，以上共计增收 368.61 万元。

社会效益：雇佣附近闲散劳动力 150 人，工资性收益 150 多万元。新建的茭白交易市场，年交易额 2500 万元；辐射基地相比水稻年收益增加 4000 万元。

2. 缙云五羊湾果蔬合作社——职业农民的成长

地址：浙江缙云壶镇解放上街新兴巷 11 号。

（1）合作社带动农户增收。

缙云五羊湾果蔬合作社于 2008 年建立。目前，合作社有茭白核心示范基地 450 亩，入社成员数 107 户，带动农户 4500 多户，辐射周边基地 16000 多亩。合作社指导生产及收购的茭白销往北京、上海、广州、湖南、成都、西安、武汉等 10 多个省份、20 多个大中城市，年茭白销售量达 20 多万吨，产值 7000 多万元。

（2）职业农民带动缙云茭白产业发展。

从"拦车闯市场"卖茭白起家。20 世纪 90 年代初，李春萌与几个生意伙伴在永康市场上卖香菇，听到茭白将成为新的农业产业的信息。第二年，她马上说服家人种了 5 亩茭白，同村和邻村本来有少量茭白种植的农民也跟着扩大面积。

到了 7 月中下旬，这里共有上百亩茭白开始产出，从本地市场看，产品明显有剩余，甚至出现滞销现象。李春萌收起几担茭白，在去台州方向的公路边上"守株待兔"，无论拖拉机、货车、客车见车便拦，没想到的是，每次都有 200～300 元利润。

销售初步探出门路，同伴们生产的茭白几乎由李春萌包销了。同时，附近村里的茭白种植面积从此也逐渐扩大，李春萌想，如果以合作社为依托，也许为茭白销售作出更大贡献。2008 年李春萌作为发起人之一，成立了缙云五羊湾果蔬合作社。

合作社坚持生态特色生产。通过长期的钻研实践，李春萌主持的合作社进一步发展壮大，其茭白产品在国内外有影响力，茭白销往北京、上海、广州、湖南等 10 多省、20 多个大中城市，与许多客商建立了稳固的产销关系，从每年 5 月中下旬开始至春节前后冷库清仓结束，供应时间达 9 个月。

与此同时，李春萌积极开拓海外销售渠道，其茭白部分产品通过欧盟严格的农残检测，外销至西班牙、意大利、法国等欧盟国家。她主持的合作社还与一些食品有限公司合作，作为茭白罐头原料供应商，茭白罐头出口美国市场，从此缙云茭白质优的知名度进一步提高，名扬国外。2016 年，她按农技干部指导，施用茭白专用肥，茭白产品更是粗壮嫩白，更受市场青睐，2016 年秋又有近 7 万斤茭白出口海外。

不断学习，提升业务素质。为了让缙云新鲜茭白尽快供应用户，李春萌利用邮政公司的业务优势，并通过与邮政合作，利用乐购网进行网上销售，联手打造农村农产品电商平台。同时进行茭白编织袋的统一设计，制作缙云茭白专用袋，引导茭农使用统一编织袋，扩大了缙云茭白的知名度和影响力，她收购的茭白多数能当天销售，且加快了资金回笼，使农户能及时拿到现款而受益。

为了实现茭白提质增产，李春萌不断刻苦钻研。2015 年，她的"一种单季茭白一年两收模式第二茬增产方法"取得国家知识产权局颁发的《发明专利证书》。

为缙云茭白奋斗 20 年，李春萌把理论知识与农事实际操作有机结合，使"角色"不褪，成为名副其实的新型职业农民。

（三）芋头、荸荠产业投资案例

1. 荸荠加工企业案例：广西嘉宝食品集团有限公司

地址：广西贺州市国家级工业区——旺高工业区内。

主营产业：以现代设施农业为主，集马蹄加工、水果罐头、速冻果蔬、进出口贸易业务为主的生产加工的大型企业。

经营模式：采用"公司＋协会＋农户"的经营模式，建立了马蹄、甜玉米、食用菌、淮山等原料种植基地。通过农业龙头企业"订单生产"和"保护价收购"，使马蹄的销售价格稳定在 2 元/千克，解决了马蹄销售的难题。

马蹄加工产品出口畅销：公司非常重视马蹄系列产品的做大做强，力求打造马蹄系列产品生产、加工和研发的世界第一。所生产的马蹄等系列产品主要销往美国、日本、韩国、欧洲为主的多个国家和地区。公司马蹄罐头连续 10 多年产量和出口量居全国前茅，市场份额占有率（特别是欧美市场）居龙头地位。

2. 芋头、荸荠加工企业案例：广西荔浦芋满园食品有限公司

地址：公司总部位于产区广西桂林荔浦。

主营产业：集原生态农产品的种植、深加工、物流及市场营销为一体，依托荔浦芋头、荸荠（马蹄）等本地特色农产品的原料优势，打造专注于当今时尚、健康，具有当地特色的食品企业。

经营模式：公司秉承生态效益、经济效益、社会效益并重的原则，走"互联网＋协会＋基地＋农户"的产业模式，以享有"贡芋之乡"和"荸荠（马蹄）之乡"的荔浦县作为标准化农产品种植基地，种植面积约 3000 亩。

特色产品：公司研发了芋头、荸荠等速冻系列、全粉系列、罐头系列、水果系列。速冻系列包括速冻芋头块（条形、扇形、方块）、速冻荸荠片、速冻荸荠粒、速冻荸荠丁；

荔浦芋全粉、荸荠全粉；荸荠罐头；水果荸荠。

产品认证：荔浦芋地理标志。荔浦芋人称"芋中之王"，因盛产于荔浦而闻名，荔浦芋有 400 多年种植历史，曾为广西的首选贡品。

（四）芡实加工企业案例

江西明湖农业发展有限公司

地址：江西省上饶市余干县三塘乡。

主营产业：以芡实、火麻深加工为主，农业种植、旅游开发并重。

经营模式：采用"公司＋合作社＋农户"的经营模式，现有芡实种养水域 7730 余亩，关联企业为余干县曹坊芡实专业合作社和余干县明祖湖芡实专业合作社，芡实种植面积 3.6 万余亩，公司加合作社可实现年产芡实 9800 余吨。

芡实产业集聚：投入 5 亿元建设"余干芡实产业园"，产业园是集芡实生产、交易、科研、展示为一体的综合性园区。产品有芡实圆米、芡实半米、芡实冲调粉、芡实酒等系列产品。打造"中国最大的芡实基地""中国第一个芡实深加工出口示范基地""中国第一个芡实科研展示交易中心""中国第一个以芡实文化为中心的养生庄园"，带动江西省芡实种植面积发展到 20 万亩。

三产融合发展：在种植、加工芡实的基础上，2016 年建设柘莲湖芡实生态养生庄园旅游综合开发项目，包含芡实种植观赏园、休闲度假中心、环湖生态码头、滨湖垂钓基地、环湖自行车赛道、候鸟观赏基地等项目。

四、新闻报道

紧跟需求才是硬道理

2017 年 4 月 24 日　来源：《农民日报》

"鄂莲 5 号"入泥浅，炒食、煨汤皆宜；"鄂莲 7 号"又称"珍珠藕"，最早熟；"鄂莲 8 号"适宜抽"藕带"；"鄂莲 9 号"又称"巨无霸"，主藕、子藕粗大；"鄂子莲 1 号"产的莲子鲜食、加工皆可；还有以"小白胖""蜈蚣藕""新 5 号"等形象命名的种质资源材料，既可观赏又可食用的睡莲……

4 月 14 日，在国家种质武汉水生蔬菜资源圃举行的"水生蔬菜优异种质资源与新品种展示会"上，各类水生蔬菜品种炫异争奇。"现在市场上对莲藕品种的产量需求不再是第一位了，入泥浅、省人工，便于轻简化操作才是藕农们最关心的。"全国水生蔬菜知名专家、武汉市农科院蔬菜所研究员柯卫东告诉记者，"市场总在变化，不同地区对莲藕的要求不一样，南方煨汤多，北方偏炒食，不同市场有不同的品种需求，作为园艺作物的育种工作者，市场需求什么，我们就要研发、改进什么，紧跟需求才是硬道理"。

武汉有支水生蔬菜国家队

据了解，水生蔬菜是指在淡水中生长，其纤维管束可供食用的一类蔬菜，是一种地域性栽培、全球性消费的特色蔬菜，包括莲藕、籽莲、茭白等十多个种类。

我国湖区农民有着多年种植水生蔬菜的习惯，水生蔬菜除了不与粮争地，还具有营养保健、生态美观等功能，已成为我国许多地区农业产业结构调整、农民增收、美化乡村的首选作物。以湖北为例，水生蔬菜种植面积达200多万亩，其中150多万亩是莲藕，莲藕也成为湖北特色农产品。

在国家农作物种质资源平台的支持下，依托武汉市农科院蔬菜所水生蔬菜研究室建设的国家种质武汉水生蔬菜资源圃，是目前世界上保存水生蔬菜种质资源最为丰富的资源库，已搜集保存12类水生蔬菜种质资源2000余份及水生观赏植物600余份。

如今，武汉市农科院专家团队已选育出19个省级水生蔬菜新品种，特别是鄂莲系列莲藕品种，已形成早、中、晚熟及适应不同生态区、不同消费习惯配套的品种体系，推广至全国20多个省，新品种覆盖率达85%以上，成为我国莲藕的主栽品种。

省工的品种最受欢迎

"我这辈子除了莲藕，还是莲藕，推广种植武汉市农科院的品种已经30多年了。"武汉市江夏区金水祺良农副产品公司负责人吴近货对记者说，从南到北，他将武汉莲藕品种推广到全国的适宜种植区，见证了莲藕品种的多次换代，每次都有质的飞跃。如今他的企业做莲藕的产供销一条龙，出口份额很大。要问经营的秘诀，他认为是紧跟市场，并将市场信息及时反馈给育种专家。

"产量确实很重要，直接关系到一年的收成，但现在人工成本越来越大，迫切需要省工的好品种。"湖北楚莲源莲藕专业合作社理事长王军华说，合作社在监利、潜江共种了6000多亩藕田，常年需请工100多人，自家三代人7个劳动力都围绕莲藕转。莲藕好吃，但埋在湖泥下，目前只有靠人工挖，是个苦力活，一般年轻人不愿干，上市旺季又在秋冬，挖藕十分不易。

王军华是安徽省无为县人，全国哪里有藕，哪里就有他们老乡的身影，1991年他到湖北打工帮别人挖藕，1996年开始自己种藕，他说湖北的湖泥种出来的藕就是品质好、耐运输，所以他常居湖北创业。他给记者算了一笔种藕的收益账，湖田流转费在600～1000元/亩，种、肥的固定投入约在1000多元/亩，人工费随行就市，按工计酬。市场行情好，莲藕正季能卖到3～4元/斤，反季节能卖到5～6元/斤。去年行情不好，最低只能卖到0.5元/斤左右，如果按4000斤平均亩产来看，那根本就不敢请工了。

外观卖相也很重要

去年不光莲藕，蔬菜整体行情都不太好。柯卫东分析说，北方大面积引种、扩种莲藕，南方虽受洪灾、气候影响有减产，但部分南方藕农以为年底价格会涨，囤藕在田，没有形成错峰上市，蔬菜种植受市场调节较大，种植户要么赚得盆满钵满，要么亏得惨不忍睹。武汉市科技局成果转化中心农业推广部部长黄浩说，种植户和科技工作者都要紧跟市场，通过提升育种等科技含量，以示范基地、示范村、示范户来带动广大农民，做好新技术、新成果、新模式的科技示范。

为了与市场结合更紧，武汉市农科院的水生蔬菜专家邀请王军华等多位经验丰富的种植大户前来现场观摩，边挖边品尝。

多年的种藕经历，让王军华练出了一双看藕田的火眼金睛，他只要在藕田边转一圈，就知道藕的长势方向，从哪个角度挖最省力，还可以估算出藕田产量如何，品种表现怎么样，说得八九不离十。他说，莲藕的外观卖相也很重要，皮白的品种在市场俏销，但这样的品种往往入泥深不好挖，很费工。

选育出完美的品种总是很困难的。"要想莲藕入泥浅，首要从品种资源筛选入手，还可通过浅土栽培技术，但专用基质价格高不划算，改进农机智能识别也是今后替代人工的发展趋势。"柯卫东说，希望通过3年时间，培育出综合性状好且入泥浅、皮白的莲藕品种。

湖北："小藕带"做成"大产业"

2017年8月8日　来源：《科技日报》

8月4日，国家种质武汉水生蔬菜资源圃、湖北水生蔬菜科学研究所举行"莲优异种质资源与新品种展示会"，展示了优质、高产等特性的地方品种、选育品种、杂交材料水生蔬菜优异种质资源50余份，吸引了国内莲藕种植大户、加工企业、相关专家参与。

据湖北水生蔬菜研究所副所长、"十二五"国家科技支撑计划水生蔬菜项目首席科学家柯卫东介绍，该所研究培育的鄂莲系列新品种，被全国20多个省市区引进种植，在黑龙江、新疆等地都获得了成功。目前，全国年种植鄂莲系列的面积达到600余万亩，总产值600亿元左右。他说，目前全国种植的莲藕、藕带、鲜莲、莲子等，85%以上是鄂莲系列，近10年来，鄂莲系列累计推广5000万亩以上，创产值2000亿元，新增社会经济效益250亿元以上。

据湖北华贵水产有限公司总经理梅大佐介绍，他们将"小藕带"做成"大产业"。他们和湖北水生蔬菜科学研究所合作，2012年选用"莲藕—藕带"兼用性好且适宜加工的鄂莲6号、鄂莲8号等，当年即获成功，每亩藕带产量500公斤以上，产值7000元以上，新品种的试种成功带动洪湖市100多个村加入藕带种植行列，现在，公司产值超过2亿元，带动农民增收近1.5亿元以上。目前，公司网络藕带种植农户12000户，种植面积超过5万亩，辐射到了江汉平原及长江以南的部分县市。

湖北莲藕新品种覆盖率达 85% 以上

2017 年 8 月 7 日　来源：《农民日报》

莲藕产业的发展离不开优异的种质资源与新品种，8 月 4 日，湖北省武汉市农业科学院蔬菜研究所在江夏区郑店街国家水生蔬菜种质资源圃举办了一场"莲优异种质资源与新品种展示会"，现场展示各类优品品种、材料 50 余份。据了解，莲已成为湖北省独具特色的水生蔬菜产业，种植面积逐年扩大。湖北藕莲种植面积约 120 万亩，子莲种植面积约 60 万亩，其中藕带种植面积约 30 万亩，莲种植规模与效益长期位居全国第一。

武汉市农科院蔬菜研究所选育的莲新品种（新品系），特别是鄂莲系列莲藕新品种比传统地方品种增产 30%～50%，已形成早、中、晚熟及适应不同生态区、不同消费习惯配套的品种体系，已推广至全国 20 多个省，新品种覆盖率达 85% 以上，成为我国莲藕的主栽品种。

大学毕业生王梦瑶投身农业，"莲藕 + 泥鳅"让她走上创业路

2018 年 2 月 23 日　来源：水产养殖网

临近春节，人们都在忙着备年货，而山东省泰安市宁阳县梦瑶莲藕种植专业合作社的社员们却忙着将丰收的莲藕"出手"。

"趁着年前蔬菜行情看涨的时候赶紧卖。人家梦瑶在网上联系了客户，一斤的价格比我赶大集卖的高出近 1 毛呢！"种植户刘耕成的收成不错，种了两亩莲藕，产量过万斤。

老刘口中的"梦瑶"正是返乡创业的"95 后"女大学生王梦瑶。2016 年，记者刚接触王梦瑶时，她正利用在磁窑镇兴隆村流转的 30 亩土地，采取"莲藕 + 泥鳅"的混合种养模式走上创业路。"干了两年，越干越感觉自己选择走现代农业这条路是对的！"王梦瑶和记者聊起了创业的感受。

她先是给记者算了一下年纯收入：考虑到市场定位，基地主要是卖藕种而非莲藕，亩产藕种 6000 斤，收入近 6000 元；泥鳅亩产 1000 斤，收益 4000 多元，而且去年她还尝试对荷叶、干莲子进行深加工，并采摘出售莲蓬，亩产又带来利润 1500 元左右。"这样一算，现在每亩地已经实现纯收入过万元了，这比原先种植粮食作物的产出要高出十多倍！"

2017 年王梦瑶注册成立了荷妞电子商务公司，利用电商帮助农户将莲藕销往了全国各地。"通过网络找销路，哪里价格高，咱的货就往哪里走！我这一亩多的莲藕，净赚了五千多元！"合作社成员任德法插话说道，"大学生种地就是不一样，想法多。"

在王梦瑶的案头，摆满了各类参会证件。去年，在各级政府的帮扶与群众信任支持下，王梦瑶当选为县十八届人大代表、市青联委员等，并凭借"莲藕 + 泥鳅"的混合种养项目入选"泛海扬帆——山东大学生创业行动"100 个扶持项目之一。

"十九大报告提出要培养造就一支懂农业、爱农村、爱农民的'三农'工作队伍，而我们返乡创业大学生，正是这个队伍的重要组成部分。"王梦瑶说，既然是"新"农民，那就应该有不同于父辈的新想法，下一步，基地将以"莲藕＋泥鳅"的混合种养、销售、产品加工等为主线，配套发展休闲观光、游乐采摘等产业，促进农业产值二次增收，带领更多百姓致富奔小康。

南通海门市数百亩莲藕滞销　藕农陷入困境

2018 年 1 月 29 日　来源：中国蔬菜网

莲藕，香甜可口，营养丰富，烹煮方便，是居家滋补的好食材。嗅到了商机的安徽人李扬群等人，在海门市正余镇承包下数百亩农田，种植优质莲藕。但最近，李扬群的心如这大雪纷飞的天气一般拔凉拔凉的！

这是为何？原来，去年租地种植的优质莲藕总产可达 130 多万斤，可是，由于初来乍到，缺少销售渠道，喜获大丰收的优质莲藕却无处可卖，遭遇冰冷的"卖藕难！"

"我种藕将近 20 年了，今年这个藕市是我最看不懂的一年。南方、北方都找不到好的销售市场，如果不能及时采收出售的话，再过两个月，这些优质莲藕就要烂在藕田里，辛苦一季的心血全部打水漂不说，还要倒贴不少成本费用！唉，难，实在是难！"1 月 27 日下午，向记者诉说此事的李扬群一脸愁容、欲哭无泪。

"这两天又逢大雪天气，接下来是严寒冰冻；如果不尽快找到销路的话，已采收出来的一批鲜藕很难贮存了！"李扬群不住地叹着气。

来通本为闯市场，未料首战就遇大麻烦

安徽藕农李扬群今年 54 岁，是种藕多年的"老把式"；和他一起来南通种藕的还有同龄的妻子梅玉莲，放心不下父母的儿子也跟着一起闯荡到南通。他们和另外两位安徽老乡一起，承包了海门市正余镇的 450 多亩藕田。

"这几年，安徽种藕的藕农越来越多，当地市场竞争压力太大。为了开辟新市场，去年经一位老乡介绍，我们来到了海门市正余镇，在古坝村村委会支持下，承包了 450 多亩农田开挖成藕塘。去年清明时节，一批从湖北武汉农科院购买的'35'优质藕苗顺利种下，在良好的生态条件下经过培管长势喜人，今冬取得大丰收。"李扬群向本报记者介绍："正常情况下，1 亩藕田可出产鲜藕 3000 斤左右，450 亩左右的藕田可收鲜藕 130 多万斤；剔除化肥、人工费用等成本后，行情好的时候或获净利润 20 多万元。而且，我们种植的这种优质藕淀粉含量高、营养丰富，特别适合身体虚弱的老人和正在长身体的孩子食用，不但具有滋补效果，更重要的是含钙量特别高！"

藕市场风云变幻，鲜藕滞销雪上又加霜

市场有风险、经营须谨慎。来南通寻找新市场、新销路的安徽藕农李扬群，今冬遭遇了切肤之痛。

"原以为南通市场鲜藕竞争压力小，没想到，在各地藕农都在扩大种植规模的状况下，市场疲软；我们在当地的批量销售，遇上大麻烦，"李扬群告诉记者："最起码每斤鲜藕要卖到一块五或一块六一斤，才能不亏本；每斤一块六七左右，才有盈利；可是，今年藕贩子开出来的收购价仅在一块钱左右，这个差距太大了！"

鲜藕批发价低，那么，市场零售价呢？记者了解到，鲜藕每斤市场零售价大致在两元左右。但是，李扬群等人的鲜藕根本没有渠道直接进入零售市场！

记者在采访中获知，入冬以来，李扬群等人承租的450多亩藕田中，目前仅采收了六七十亩，还有380亩左右的藕田尚未开挖采收；而在往年这个时候，起码有七成的鲜藕都被采收上市了！无奈之下，李扬群这几天只得带着家人和合伙人起早贪黑自行运藕到当地的农贸市场上"优惠销售"。可是雪上加霜的是，天气糟糕，生意并不佳。

村委会雪中送炭，期盼更多热心人援手

如今，在这个漫天雪舞的隆冬时节，安徽藕农李扬群和他的伙伴们身陷困境。"一根一根鲜藕拿去零卖，要卖到猴年马月？实在是没办法了。"李扬群一声叹息。

"确实，今年鲜藕市场变数太大，出人意料。"1月27日下午，海门市正余镇古坝村村委会主任赵炳成向本报记者介绍说："过去，鲜藕俏销之时，每斤能卖到两块五到三块，一亩藕田不出意外有四五千的纯利润；但今年的市场行情变了。这样一来，安徽藕农李扬群等人亏损在即。"

"要全力避免鲜藕烂在田里，不能让藕农血本无归！"赵炳成表示，村委会已派人外出四处找市场，希望能吸引收购商前来洽谈采购鲜藕事宜，为藕农解决燃眉之急。

经过努力，村委会已帮助李扬群等藕农将一部分鲜藕送进当地多家超市，同时，还呼请当地企业和老板出手救急，"当地一家工厂，一下子就要了两千斤！"赵炳成介绍说。

市场无情人有情，大雪冰冷人心暖。"希望有更多的农产品批发市场、农民经纪人或企事业单位能伸援手，帮安徽藕农解决鲜藕滞销难题，让他们带着血汗钱早点开开心心回家过年！"赵炳成最后呼吁道。

一亩田产业地图：种出一片新天地　莲藕产业大有作为

2018年1月24日　来源：中国新闻网

中新网1月24日电"洪湖水浪打浪，洪湖岸边是家乡，清早船儿去撒网，晚上回来鱼满舱，四处野鸭和菱藕啊，秋收满畈稻谷香，人人都说天堂美，怎比我洪湖鱼米乡……"

洪湖，这颗镶嵌在江汉平原上的璀璨明珠，2008年列入"国际重要湿地"，也是我国国家级自然保护区。洪湖属于云梦泽低洼地势，在地质反复演变中，大量的水生动植物沉积，产生富含有机质和矿物质的腐殖层，形成当地特有的肥沃土壤。在湖面深处，蕴藏着丰富的淡水鱼类和水生植物，其中洪湖莲藕以"白、粗、脆、香、甜"的天然优质品质，成为了当地著名特产和湖北绿色发展的一张亮丽名片。

近年来，在竞争压力大、缺乏宣传和销路的情况下，各地莲藕都出现了滞销困境，亏损严重。王文娟从广州回到家乡后，通过互联网将家乡优质的洪湖莲藕及莲子销往全国，并推出了洪湖当地特有的青泥巴莲藕。王文娟通过电商解决了部分莲藕卖难的问题，但如何获得更加稳定的订单和客源流量，如何将洪湖"青泥巴"做成湖北乃至全国的明星产品，成为她现如今面临的一个难题。2017 年，王文娟由央视 7 套《食尚大转盘》栏目以及该节目产地合作伙伴—亩田农产品电商平台评选为全国"食尚之星"。2017 年 12 月 31 日，王文娟参加《食尚大转盘》栏目大型季播节目《识材有道》收官之作——食尚年货节。

在"食尚年货节"节目中，现场采购商表示将愿意帮她将洪湖"青泥巴"打造成高端农业品牌，做成湖北乃至全国的明星企业，实现她和家乡人民共同的心愿。

莲藕——长江流域上最美丽的风景线

水生蔬菜是我国近年来逐渐发展起来的小众蔬菜产品，包括藕、茭白、慈姑、荸荠、水芹菜、菱角等。目前，我国水生蔬菜人工种植面积在 1100 万亩以上，年总产值 550 亿元，形成了以长江流域为核心，珠江流域、黄河流域为主要产区，辐射全国的水生蔬菜产业格局。莲藕是适应性最强，种植地域广、面积大、产量高，是广大消费者食用最多的，最重要的水生蔬菜之一，原产自印度，后来引入我国，迄今已有三千余年的栽培历史。

目前，我国莲藕种植面积已达 600 万亩以上，借助南方地区特有的湖泊淡水自然资源，莲藕形成了独具特色的地方优质特色产区，如江苏凭借着太湖、洪泽湖、洞庭湖、鄱阳湖等，莲藕种植总面积已达 150 万亩，种植面积和产量位居中国第一；排名第二的湖北种植面积为 120 万亩，福建、江西、浙江、湖南等南方省份也是我国莲藕种植的主要产区。莲藕在调整我国农业产业结构、增加农民收入、改善人们生活、保护湿地资源、改善和美化生态环境等方面发挥着重要作用。

前几年，因亩产稳定、耐储存、经济效益好等优势，很多地区都相继扩大了莲藕种植面积，无疑加重了市场竞争压力，2016 年和 2017 年，在莲藕大量上市的季节里，价格曾一度跌至每斤五六毛钱。

在农业现代化的发展过程中，原先的普通栽培莲藕人工投入大、产量低、效益差，难以形成大产业，科技的发展为莲藕产业带来了高效种植农业的发展经验。许多莲藕种植地区通过科学管理种植技术，运用水冲式采藕机，发展套种套养模式，研发莲籽、藕粉、荷叶茶等附加值较高的系列深加工产品，打造荷花城旅游产业和"荷田水乡"等现代特色农业示范区，改变了莲藕产区原先的加工水平低、效益差的落后局面，不仅带动农户获得更高的收益，也让莲藕发展成为地区经济发展的优势主导产业。

实现现代农业管理技术　提高莲藕产出效率

莲藕的销售价格直接关系到农户的种植收益情况，而供应和需求是影响蔬菜价格最主要的因素。一亩田平台上莲藕采购商和供应商的行为数据反映出不同地区、不同时间两者间的供需情况。在一年之中，春节前是莲藕交易的高峰时期，冬季的莲藕交易热度高于夏季。一亩田产地行情信息也反映出当时莲藕市场交易的真实情景，2018 年 1 月初，莲藕主产区采购商积极性较高，市场走货速度加快，莲藕成为冬季蔬菜市场上的热门产品。

从市场上莲藕供应和采购之间的差异，也可以反映出市场上莲藕的供需现状。例如在年底莲藕采购热度相对要大于供应热度，但是在夏季，情况正好相反，这反映出年底市场上莲藕的供应相对紧张，而在夏季供应相对充足。种植户可根据实际采购规律调整莲藕上市时间，避免市场供应集中导致的价格下跌风险。

在现代农业生产技术下，莲藕塑料大棚早熟、高产、高效栽培技术，可以让莲藕在 6 月中旬上市，比传统的露地栽培提前 50 天，填补了市场空缺，避免了短时间集中上市造成撞车的风险。还有很多地区培育一年两季、三季的种植模式，通过调整莲藕上市季节和挑选不同时节成熟的莲藕品种，实现市场供需间的平衡。

莲藕种植生长过程中病虫害发生较少，且藕田泥土肥沃，微生物丰富，为套种套养创造了条件。只要将莲藕田加以改造，并适当改进莲藕施肥、病虫害防治技术，就可以套种荸荠、藜蒿，套养泥鳅、青蛙，虽然初期投入较大，但从长远来看，这种立体种养模式未来将可以获得更高的收益。

一年一季种植方式，每亩总收益 5000 元，只要增加一季，收益就可以翻倍。"夏天产泥鳅，冬天卖莲藕"的高效"莲鳅共作"农业生产模式，实现水面水下双丰收，这些经验都可以在全国范围内学习和推广起来。

优化品种筛选　增加线上销售渠道

20 世纪 80 年代以前，我国水生蔬菜几乎没有真正意义上的新品种，生产所用品种基本上是传统地方品种。为了节约成本，农户在莲藕品种的选择上大多选择自留老品种，普遍存在产量低、品质差、生产效益低等问题。20 世纪 90 年代初，我国陆续研发和引进了一些莲藕优质品种，像武汉市蔬菜科学研究所选育的鄂莲 1～4 号莲藕新品种比传统地方品种增产 30%～50%，新品种的推广促进了我国莲藕产业的发展。

莲藕 3735 是一种生长势强、不早衰、抗逆性强、稳产、商品性好的品种，市场欢迎度较高。在一亩田平台上，莲藕 3735 是采购商和供应商最关注的品种，除此之外，鄂莲 6 号、南斯拉夫雪莲藕、泰国花奇莲等优质品种也是目前市场上比较受欢迎的品种。

传统莲藕销售渠道范围小，周边市场不能及时消化，莲藕滞销风险增加。互联网为莲藕销售带来了更多的推广渠道，尤其是一些莲藕优势产区，农户也为当地莲藕开辟一些新的线上销售渠道。据一亩田平台统计，江苏、河南和湖北是平台上莲藕供应用户分布量最大的三个省份，也是莲藕种植的主要地区。在这些互联网先行者的带动下，2017 年莲藕主产区用户普遍增加，其中江苏地区的用户增加了七成多，是莲藕用户数量最多的省份。通过一亩田，江苏、河南、湖南等地区莲藕种植户和经纪人将本地区的莲藕直接对接了平台上的规模采购商，并将莲藕销往了全国各地。

延长产业链　综合利用开发莲藕系列产品

莲藕是集食用、药用、观赏、生态利用等功能价值于一身的高经济价值植物，随着我国莲藕种植面积不断扩大，莲藕产品的栽培和加工技术也不断提高，衍生出近百个加工产品，提高了莲藕产业价值。

莲藕上市时间短且相对集中，保鲜加工是延长产业链的有效途径，也是整个莲藕产业链中的重要一环。防止褐变、失水、老化和腐烂等情况，是莲藕保鲜加工过程中最重要的一步，主要通过加入一定量还原剂、杀菌剂并通过低温贮藏方式实现莲藕保鲜。目前，在5℃的贮藏温度下，经保鲜剂和真空密封处理的莲藕可保鲜三四个月，通过延长莲藕的保鲜期，提供了最佳的上市时间，满足了常年莲藕的供应。

莲藕和莲子加工也大多是我国的专利，除我国外，仅日本有少量莲藕加工专利，欧美国家均未见相关专利报道。目前我国莲藕加工专利有30余项，莲子加工专利多达100项，产品包括莲藕汁、藕粉、盐渍藕、水煮藕、莲子汁、莲子茶、莲子心、莲子乳、通心莲子、磨皮莲子等。近几年刚刚兴起了藕带加工，湖北省有超过40家企业加工泡藕带，年生产规模4000万袋以上，加工总产值达4亿元以上。

江苏是莲藕种植大省，近年来已经开发出十多个系列近百个加工产品，每年出口加工产品创汇上亿美元，占日韩莲藕市场总销售量的70%左右。江苏荷仙集团被国家外经贸部和农业部联合命名为"全国园艺产品出口示范企业"，其产品"荷仙"牌系列莲藕制品"倾心"牌莲藕汁饮料取得了国家绿色食品标志的使用权，江苏宝应县和金湖县先后被农业部命名为"中国荷藕之乡"。

伴随着旅游业的快速发展，荷花以其出淤泥而不染的高尚品格成为莲藕种植产区文化旅游发展的重点，通过各种荷花旅游文化节活动，提升了地区的影响力和知名度，实现了品牌增收。广西东南部贵港市，是一座具有2000多年历史的古郡新城，自古以来遍种荷花，被誉为"荷城"。当地突出"荷家、壮家、农家"特色，全力打造"荷美覃塘·荷田水乡"现代特色农业示范区，获得"广西四星级乡村旅游区""全国休闲农业与乡村旅游示范点"称号。以"荷产业"拉动当地农民增收、农业增效、农村发展。

莲藕产业是我国特有的优质水生蔬菜产业，其生产效益高，产业链延伸范围广泛，借助现代农业生产技术，莲藕将向优势产区集约化方向发展，产业大有作为。在实现我国莲藕产业快速发展的过程中，需要像王文娟一样的新农人，打破传统农业生产思维定式，通过在政府顶层的设计、新农人的带动、电商平台的支持下，将我国莲藕产业发展成调整农业产业结构、农民增收致富的重要途径和世界认可的中国特色优势产业之一。

厦门唯一无工业区乡镇办芋头文化节，点亮康养特色

2017 年 12 月 17 日　来源：央广网

央广网厦门 12 月 17 日消息（记者陈庚）地处厦门市同安区的汀溪镇是厦门唯一无工业区的乡镇，多年来致力于发展乡村旅游休闲集镇。昨天上午，2017 汀溪康养小镇年度宣传活动暨第三届汀溪褒美芋头节开幕，吸引了近千名市民、游客和附近村民热情参与。本次活动主要包括汀溪康养小镇形象和概念性推广宣传、芋头丰收仪式、珠光青瓷专业展、一村一品大集市以及文艺演出等几大板块。其中，芋头丰收仪式是在该村传统的敬天法地民间习俗的基础上经过艺术化改造而成。而国家级工艺美术大师洪树德先生复烧的珠光青瓷也首次在其原产地同安汀溪成规模展出。

据了解，汀溪镇是厦门市唯一无工业区的乡镇，多年来致力于把生态公益林、基本农田和饮用水源三个"保护区"的束缚转化为发展乡村旅游休闲集镇的强大动力，确立了"温泉、养生、旅游"的发展定位，逐渐形成了"一心两带三线"休闲旅游格局，初步形成六大主题旅游集群，获得了国家级生态示范乡镇、福建省乡村旅游休闲集镇、省级"绿色乡镇"、省第五批省级环境优美乡镇、省级休闲农业示范乡镇，福建省安全社区、省一级文化站等荣誉称号。

"褒美芋头文化节"从第一届起就得到了厦门市同安区委区政府、汀溪镇党委政府的大力支持。昨天第三届文化节开幕式上，同安区委常委、区政府办主任林国财鼓励有关干部和全镇乡亲们积极响应党的十九大关于"乡村振兴计划"的指示精神，认真贯彻落实党中央国务院决策部署，结合汀溪镇现有的"温泉小镇、青瓷小镇、生态小镇、康养小镇"等基础，积极推进汀溪康养小镇的建设。同安区委常委、宣传部长何玺现场向褒美村村干部集体赠送了十九大报告有关读本。

商丘农贩购买芋头一万多斤，三分之一是坏的

2017 年 12 月 1 日　来源：商丘网（摘自：《京九晚报》）

热线显示：家住睢阳区的刘女士向《京九晚报》热线反映，她的父亲购买了一万多斤芋头，回家之后发现其中有许多坏的，却不知道该如何维权。

"我家买了一万多斤芋头，到家后发现里面有三千斤都是坏的，联系商家，商家却不给予赔偿。"家住睢阳区郭村镇郭王庄的刘女士向《京九晚报》热线求助说，她父亲 11 月 20 日在商丘农产品批发市场附近买了一批芋头，大概一万多斤，现金结算，没有票据。这批芋头拉回家后发现里面有许多像烂泥一样坏掉的，当时就联系了卖家，卖家说先挑出来坏的再商量，等坏的都挑出来以后卖家却不处理也不赔偿了。

"11 月 20 日我父亲去商丘农产品批发市场去买芋头，到了市场后有一个卖芋头的说他家的芋头好，我父亲就在他家买的，这个卖芋头的商家是流动摊位，不是固定店铺，所

以当时是现金结算的，也没有票据。他卖的0.85块钱一斤，买了8100块钱的芋头，我们现在想的就是如何给我们赔偿，要么把坏掉的芋头补给我们。"刘女士对记者说，她一家都是农民，就指望着这买来的芋头卖呢，坏了那么多，一家人愁得不行。

记者从刘女士那里获取到了卖家刘先生的电话，并与他取得了联系。刘先生家住在梁园区刘口镇，他告诉记者，他确实卖了一万多斤芋头给刘女士的父亲，但对刘女士说的其中芋头坏了三千多斤，表示不可信。

"这农产品有一点坏的也能理解，但是他们是来我家拉的芋头，看着装的车，你说要是坏那么多，他们肯定不愿意要啊，更别说装上车了。"刘先生对记者说，刘女士称父亲一共买了一万多斤芋头，坏了的有三千多斤，快三分之一了，"这可能吗，卖给你你会要吗？这就是讹诈，我不会赔给他们的。"

随后记者就此向12315消费者申诉举报中心咨询，该中心的工作人员告诉记者，因为刘女士一家大量购买的芋头是为了进行出售，刘女士属于经销商不属于消费者，刘女士与卖家属于经销商与经销商之间的经济纠纷，已经超出了工商部门的管理协调范围，建议刘女士可以拨打12348法律援助热线寻求帮助。在此，工商部门也提醒广大市民，到正规的经营场所去购买商品并索取票据，在购买时仔细挑选，以免造成不必要的麻烦。

光泽县寨里镇：发展茭白助脱贫

2018年1月16日　来源：中国经济网（摘自《经济日报》）

在光泽县寨里镇太银村高海拔蔬菜产销专业合作社的种植基地里，成片翠绿的茭白望不到边际，茭叶的清香随风飘散，沁人心脾，一位身材微胖的中年男子正和合作社的成员一起采收着茭白，脸上洋溢着喜悦的笑容，他就是太银村党支部书记吴礼财。

说起吴礼财，"忠厚老实、为人随和、勤劳肯干"是村里大多数人对他的评价。他今年45岁，1993年7月加入中国共产党，1994年12月从部队退伍回来，先后担任村出纳、支委、民兵营长、村副书记，2010年7月任村党支部书记。6年来，他带领村支部全体党员心往一处想，劲往一处使，为全村经济和社会事业发展做出了贡献。近年来，他带领群众因地制宜，利用高山气候特点，大力发展以茭白为主的高海拔蔬菜种植，并注册成立"太银高海拔蔬菜产销专业合作社"，使之成为该村农业增效、农民增收的一大新兴产业。

太银村虽然是个边远的小村子，但这里森林资源丰富，光毛竹就有2.2万亩，毛竹成为太银村绝大多数家庭最主要的收入来源。但2008年后，本县的一些毛竹加工企业纷纷停产或改行，毛竹销量锐减，而且价格也逐年下滑，村民增收成为一个突出问题。2010年，吴礼财当选为太银村党支部书记，作为村里的"领头雁"，他便开始琢磨：按目前毛竹的需求行情，太银人靠竹子既饿不死也富不了，特别是少数劳动力差的贫困户生活将会更加困难，他们脱贫致富的路子又在哪儿呢？要想改变村民增收落后的问题，只有靠自身的发展。精准扶贫工作启动后，吴礼财召集村干部、党员、群众代表召开座谈会，研究精准脱贫的好办法。

为寻求致富的有效途径，他带领村民先后种植过反季节香菇、黑木耳等食用菌，种植效益还算不错，可是好景不长，从 2013 年开始，全县开始实施生态保护工程，全面禁止林木采伐，特别是种植袋装香菇所需的阔叶树，那更是一根都不能砍。无奈之下，种了两年的食用菌也只好停了。

"不能因此就断了脱贫致富的路。"吴礼财想。2013 年 3 月，他邀几位村民先后到浙江龙泉、江山、丽水等地实地考察，通过市场分析，他发现太银村的气候条件和土壤性质非常适宜种植茭白，种植茭白不失为群众脱贫致富的一条好路子。于是，他和邱在良等 7 户村民，从浙江引进茭白种苗，并从浙江聘请了种植技术人员，在太银试种了 20 亩，试种亩产达到 3000 多公斤，按每公斤 5 元算，亩产值上万元。一年后，他又投入 30 多万元种植茭白 105 亩。由于种植管理有方，当年就获得纯收入 20 多万元。此后，更加激发他大面积发展茭白种植的信心。2014 年 12 月，加入合作社的村民由原来的 15 户发展到现在的 105 户，由于所产的茭白脆嫩、品质优，颇受市场追捧。主要销往本县和周边县市以及南昌、衢州等地市场。着力解决该村富余劳动力，带动农民增收致富。2016 年，他大胆扩大种植规模，投入资金 50 余万元，种植面积扩大至 220 亩。如今，每到采摘茭白时节，昔日的荒地上显现出一片丰收的繁荣景象。随着村里茭白种植规模的不断扩大，吴礼财开始考虑把更多的群众组织起来，大家拧成一股劲儿，共同谋发展。

吴礼财认为，真扶贫、扶真贫，不仅要把贫困户当成自己的亲戚、朋友，更要把帮助贫困户脱贫的工作，当成自己肩上的使命来完成。

年满 30 岁的邱荣进，家住太银村粟银组，从小家境贫困，出生时，母亲因难产去世，父子俩相依为命，可是父亲偏偏嗜酒如命，邱荣进从小过着吃了上顿没下顿的日子，小学没毕业就辍学了，十五六岁就跟着村里人外出打工。吴礼财了解到这情况后，更是急在心上，经常对他谈心教育，激发他振奋精神，激励他自强、自立，使其看到出路和希望。2010 年开始，吴礼财把邱荣进带在自己身边，一起种植香菇、黑木耳。2014 年，吴礼财在发展种植高海拔蔬菜的时候，又让邱荣进到合作社里务工，每天收入 150 元，并免费出资把他送到浙江学习茭白种植技术和管理经验，学成归来后，让邱荣进在合作社里当技术员，每月工资 3000 元。2016 年又让他到合作社入股，股份占 20%，这样下来，邱荣进的一年纯收入可到 8 万多元。现在，邱荣进已结婚，生育了两个孩子，家中还盖起了二层半的小洋房，退出了低保行列。看着邱荣进一家走上了致富路，吴礼财的心里比吃了蜜还甜。

2015 年，吴礼财又把桂新财、雷世龙等 5 户建档立卡的贫困户吸纳进合作社，茭白种植面积迅速扩大到 120 亩，2016 年又继续增加到 220 亩。太银村建档立卡的贫困户共 13 户，除其中 7 户孤寡的五保户外，其他的都进了合作社。今年 46 岁的桂新财，女儿上高中，儿子还在读小学。年纪虽不算大，但常年患腰椎间盘突出，无法上山干重体力活，家境比较贫寒。加入合作社后，干些锄草、收割之类的活，每月出工 20 个以上，每天工资 120 元，月收入稳定在 3000 元左右，一家人生活和两个孩子上学的费用就不用愁了。"这些年，吴礼财带领我们发展种植高海拔蔬菜，种植茭白，帮我们进行销售。现在，我田地种植的茭白年纯收入可达 4 万余元。"桂新财带着浓浓的感激之情说，"我要真心地谢谢吴礼财。是他，帮我们家脱贫致富。"

如今，太银村种植的高海拔蔬菜不仅市场需求量大，卖价好，村民也获得了实惠。大部分农户一年的收入约 5 万元，少数收入 1 万~2 万元。一路上大家互帮互助，遇到困难，一起面对，共同解决，走上了共同致富之路。

俗话说："火车跑得快，全凭头来带"，作为全村的火车头，吴礼财多年来一直把主要的精力都放在怎样带领群众脱贫致富上面，为把致富的火种点播在太银村希望的田野上，以那份执着、那份朴实、那份奉献，赢得群众的爱戴和拥护。2015 年 7 月荣获"县优秀共产党员"荣誉称号。

缙云 6 万斤茭白出口法国

2017 年 11 月 21 日　来源：缙云县府办

"一批批抽样，最小经 4 项、最多经 30 多项严格检测符合标准后，再经筛选、清洗、计量、真空小包装、贴上数量、产地、外文标签，再大包装加碎冰若干进行封装，才算交货完毕。"

近日，"缙云五羊湾果蔬合作社"社长李春萌兴奋地说，"缙云茭白生态质优名扬海外了，我 6 万斤茭白经'丽水检验检疫局综合技术服务中心'多项严格检测，指标都一一符合标准，于近日在宁波海港上船出关运往法国了。"

李春萌是缙云茭白产业发展带头人之一。2008 年建立"缙云五羊湾果蔬合作社"，目前入社成员数 107 户，带动农户 4500 多户，并有茭白核心示范基地 450 亩，辐射周边基地 16000 多亩。她自己有茭白基地 800 亩，年产值 640 多万元。为"中国茭白之乡"——缙云县茭白产业的持续健康发展，做出了积极而有效的贡献。她的"一种单季茭白一年两收模式第二茬增产方法"，在 2015 年取得中华人民共和国知识产权局颁发的《发明专利证书》。她指导生产及收购的茭白销往北京、上海、广州、成都、西安、武汉、杭州等10 多省、20 多个大中城市，年茭白销售量达 20 多万吨，产值 7000 多万元。

李春萌还积极开拓海外销售渠道，早几年其茭白部分产品就已通过欧盟严格的农残检测，外销至西班牙、意大利、法国等欧盟国家。她主持的合作社还作为浙江富阳富春江食品有限公司茭白罐头原料供应商，茭白罐头出口美国市场，从此，缙云茭白生态质优诚信的知名度进一步提高，名扬国外。

今年，她按照农技干部的技术指导，施用茭白专用肥，茭白产品更粗壮嫩白，更受市场青睐。最近"浙江景宁百菇源食品有限公司"得到 6 万斤茭白出口订单，全部放心地下给了她，而李春萌信心百倍地接受了订单，并圆满完成了出口需要的全过程，又一次给客商烙下了诚信的印记。

跨越大半个中国，缙云 100 亩土地的茭白苗远"嫁"四川

2018 年 4 月 10 日　来源：浙江在线

"茭白种得怎么样了？""已经对新种户进行了专门的培训，我正在田里与他们一起种茭白呢！"

4 月 8 日上午，缙云首席茭白师傅李春萌联系了远在四川的李德鹏，向他了解南江县茭白示范基地的进展情况。

眼下，正当四川南江茭白种植的好时节，李德鹏正手把手教新种户种植茭白。

就在前几天，缙云县五羊湾果蔬专业合作社在县农业局指导下，将首批近 100 亩土地的茭白种苗连夜装车，运往据缙云 1600 公里的四川省南江县。

据悉，早在 2018 年 2 月底，茭白技术人员、合作社代表、茭白师傅等相关农业人才就组成茭白考察团，入川实地考察。幸运的是，南江县的气候等条件十分适合茭白生长，且据成都、重庆较近，市场广阔。为了提高对口援助南江县的针对性、科学性和有效性，两县工作人员对南江发展茭白产业的可行性进行了全面的分析，决定将茭白列入合作项目。

缙云与南江的"亲密合作"基于 1 月双方签订的《缙云—南江东西部扶贫协作框架协议》，在此基础上，两县将在人才交流、电子商务、农业产业、招商引资等方面展开合作，全面落实协议中的技术、项目和政策等帮扶条例，全力推动两县帮扶合作取得新进展。

"提供优质种苗、提供技术，并保证销售。"李春萌表示，自己作为多年的茭白种植销售大户，可发挥技术和市场的优势，助力结对帮扶。

瑞安"市监"查获一批泡"药"，荸荠硫化物严重超标

2017 年 9 月 13 日　来源：温州网（摘自《温州晚报》）

荸荠具有生津润肺、化痰利肠、通淋利尿、消痈解毒等功效，是市民餐桌上常见食品。近日，瑞安市市场监督管理局安阳所根据 12315 热线举报，一家荸荠非法加工点为了让去皮荸荠有更好的"卖相"，用"药水"来浸泡去皮荸荠，执法人员经突击检查，在该加工点发现了一批硫化物残留量严重超标的去皮荸荠。

执法人员介绍，当天上午 7 点多，执法人员来到位于瑞安安阳瑞光大道附近的一处荸荠非法加工点，除在一处角落发现 8 大袋未加工带泥荸荠外，还在冰柜里发现了 10 余斤去皮荸荠，这些去皮荸荠大部分浸泡在一种白色液体内，散发着刺鼻的气味。经过对浸泡在白色液体内的去皮荸荠进行快速检测，发现其硫化物残留量近有 500 毫克/千克，已属严重超标。执法人员依法对这些"问题荸荠"进行扣押，随机抽样送往检测机构做进一步检测。

执法人员表示，据该加工点相关责任人郑某称，他在进货时，上家给他提供了一种粉状"保鲜剂"，说加入水中浸泡荸荠会起到保鲜作用；而他只是为防止当天未售完的去皮荸荠变黄变酸才使用，并称自己不知道这样会对人体有害。

据执法人员介绍，人体食用硫化物残留量严重超标的去皮荸荠，会容易产生过敏，可能还会引发呼吸困难、腹泻、呕吐等症状，危害人体健康。

市场监管部门提醒广大市民，买菜时要擦亮双眼，尤其是购买削好皮的果蔬时，比如荸荠、芋头等，一要看、二要闻。由于化学添加剂具有增白、防腐的作用，所以外观异常洁白的去皮蔬果要谨慎购买；另外，用化学添加剂等浸泡过的蔬果会有一股二氧化硫的刺激性气味。

目前，此案正在进一步调查中。

高产荸荠肥水管理

2017 年 4 月 27 日　来源：《农民日报》

了解生育特性荸荠喜温暖不耐冻害，在气温 20～30℃时发育最快，不宜在高寒地区种植；喜光照不爱荫蔽，阴雨时间过长易倒伏；喜湿润忌干旱，若供水不足，分蘖、分株数少，球茎少而小、品质差、含渣量多；适应性广但不宜连作，连作易发生病害；需肥量大但忌偏施氮肥。

优选种植大田除选用优良品种、合理安排密度外，应选择近几年未种植荸荠的大田栽培，如果连作，会出现缺硼、缺锌症状，引发点片或成片红尾病，导致叶状茎干枯。因此，要轮作种植，一避泥脚深的烂泥田，二避土层瘠薄出，三应选择偏酸性轻壤土和沙质壤土田，四是土表 10～20 厘米土层比较疏松，犁底层比较坚实，这类土壤有利于提高供肥能力，便于采收荸荠。

分期平衡施肥前茬作物收获后，要抢耕抢整，提早施好以有机肥为主的基肥，一是施用农家积造腐熟厩肥、家园肥每亩 2000～3000 公斤；二是选用植物类优质商品有机肥每亩 80～100 公斤；三是每亩配施过磷酸钙 40～50 公斤，硫酸钾 15 公斤，或配施硫酸钾复合肥 30 公斤，缺硼、缺锌的土壤，每亩还要配施硼砂、硫酸锌各 2 公斤。追肥分次进行，荸荠定植后，前期注重施用氮肥，后期补施磷钾肥。为早发棵、早分蘖、早分株，要及时施用氮肥提苗助长，亩施尿素 15 公斤。第二次除草耘田时，亩施硫酸钾复合肥 15 公斤。结球期追施 10 公斤尿素，磷钾肥 10～15 公斤。同时，根外喷施 0.2% 磷酸二氢钾溶液或硝酸钾溶液。

分段调控水位灌水原则是勤灌浅灌，深浅适度。定植后田间水深保持 3～5 厘米，可以增温促发。结球期水位要升高至 15～20 厘米。早茬荸荠立秋前放水晒田，可控制旺长，防止荫蔽，确保光照充足。如分蘖滞缓，亦可晒田 3～5 天，促其多发根早分蘖，如生育中期遇大到暴雨，应灌深水防止倒伏；如夏天遇闷热，秋季遇雾天，可边灌水边排水，调节田间温润度；采收时节，如需在田间贮存，田土应保持湿润，采收前排干田中水分。

扬州选育出高产荸荠新品种

2017 年 12 月 1 日　来源：《扬州晚报》

鱼米之乡的扬州，眼下，多种水生蔬菜开始收获，其中有一种蔬菜比较特殊，它就是荸荠，既能作为蔬菜食用，也能当作水果生吃。我们在仪征马集合心村夏庄组采访看到，这里的荸荠已开始采收。种植户说，今年荸荠产量高，目前卖价也比较好。

来自安徽的卞师傅是合心村水生蔬菜种植大户，他在这里租种了 120 亩地，专门种植荷藕、慈姑和荸荠，已种植了 5 年。"在老家就种过这些东西，但老家销路不好，就想出来试试看。"卞师傅说道。

卞师傅说，荸荠刚刚开始采收，量还比较少，每天大概卖 200 斤，"现在这个季节，主要是饭店定向跟我们买，一次五斤八斤的（削过皮的荸荠），烧菜用。"

单从价格来说，卖削皮荸荠要划算一些，2 斤带皮荸荠可削 1 斤，卖六块 1 斤，算下来就是三块 1 斤，而带皮荸荠批发价卖不到这个价格。不过，由于给荸荠削皮很费时间，卞师傅夫妻每天要忙到晚上 12 点。

卞师傅说，荸荠非常脆，削皮时讲究巧劲，只需要手指和手腕用劲，一般多练习，熟练后就很快了："像我们经常削皮，1 分钟可以削好几个。"

卞师傅说，荸荠大量采收时，他们会走批发，"太多了，自己削皮卖根本来不及。"

里下河地区农科所研究人员张瑛介绍，荸荠跟慈姑、荷藕等一样，都是水生蔬菜，荸荠除了可作为蔬菜，更为人熟知的是作为水果生吃，因此可以说是长在水中的水果。上市高峰期，扬州很多菜场都有售卖。

荸荠采收用水泵冲刷，今年亩产达 4000 斤左右。我们在现场看到，荸荠采收的方法和采收慈姑一样，首先要拔掉荸荠的茎叶，再用水泵冲刷水中淤泥，最后在水面上拣拾荸荠就行了。

马集镇农业助理李永高介绍，过去农村很少专门种植荸荠，一般都是一家一户种植一点，采收时也不用水泵，就用铁锹或直接用手挖，因为荸荠很脆，因此常常有损伤。

"用水泵冲刷也要有经验，田间的水是浑的，看不到水下，完全凭经验判断有没有冲刷干净。"卞师傅说，他今年种了 30 亩的荸荠，从采收的田块来看，今年的荸荠产量很高，亩产量可以达到 4000 斤左右。

"一块田种荸荠，最多种三年就不能再种了，需要换其他田块种。"卞师傅说，租种的 120 亩地，慈姑、荷藕和荸荠都是轮流种植，这种轮作的种植方式，可以减少农作物的病虫害，保证产量稳定。

到了春季荸荠最好吃，扬州育出高产荸荠品种。"荸荠种植很辛苦，栽种的时候是高温天（水稻插秧过后开始栽种），大量采收的时候正值冬天，有时候，荸荠田里结了厚厚一层冰，但还得敲开冰下田采。"卞师傅说，荸荠采收期持续时间非常长，从现在起可一直采收到明年 4 月，只要茎叶不损坏，荸荠在下面就不会坏，但必须要在清明前采收完，温度高了后就会发芽。

"目前采收的荸荠，还比较嫩，吃起来还不怎么甜，它最好吃的时候是春季。"卞师傅说，因为荸荠成熟后，再经过时间积累，部分淀粉会转化成葡萄糖，因此吃起来口感更好。

我们了解到，荸荠品种多，在农科所就有多份荸荠种质资源，经过多年选育，农科所选育出一个荸荠新品种——扬荠418，已通过江苏省品种审定。

张瑛说，扬荠418产量高，而且是属于非常适宜鲜吃，非常适宜在淮河以南地区种植的荸荠品种。另外，他们也成功实现了组培育苗，这种方法培育出的脱毒苗，可以提高荸荠产量，减少荸荠病虫害的发生。

彩色稻水生蔬菜　乌鲁木齐打造休闲观光农业

2016 年 7 月 26 日　来源：央广网

地处乌鲁木齐城郊的米东区大面积引进彩色水稻、水生蔬菜。入夏以来，茭白、菱角、水芹菜等原产南方的水生蔬菜长势喜人，丰富市民餐桌同时，也增添一个观光旅游新去处。

在羊毛工镇新建的科技示范田里，水田里的农作物除了久负盛名的米泉水稻，还有新引进的水生蔬菜。村民曹传友介绍："承包了 40 亩地种植水芹菜，现在开始收获。一茬割了两吨多，市场效益超过 3 亩普通水稻。"

2015 年，米东区新建了 160 亩科技高产示范田。今年起，技术人员在加大水稻高产栽培同时，大面积引进水生蔬菜。米东区农牧局高级农艺师周广文说："水生蔬菜产值比较高，深受市场欢迎。比如新疆过去不种菱角，我们引进种植，等到内地菱角过季后，及时上市补上缺口，效益非常明显。"

周广文介绍，今年，他们还在科技示范田里种植了多彩水稻。技术人员利用彩色水稻在农田里"绘制"出"熊猫""笑脸"等画卷，通过对田埂硬化处理，市民可以走进田园近距离感受农田美景。"城郊农业从单纯高产向休闲、观光农业转型，是未来的一个方向。周末，边城市民带上老人、孩子就近到休闲、观光农业区转转，看看彩色水稻、采摘水生蔬菜，体验江南风光，大人、小孩一定会很开心的。"

乌鲁木齐地产水生蔬菜陆续上市

2016 年 7 月 26 日　来源：中国水果蔬菜网（摘自新疆网）

7 月 25 日，在乌鲁木齐米东区羊毛工镇新建村水稻科技示范园内，工作人员在水芹菜地里查看水芹菜生长情况。

今后，乌鲁木齐市民可以品尝到本地产的水生蔬菜。最近一周来，米东区种植的水生蔬菜陆续上市，首先上市的有水芹菜和豆瓣菜。

米东区首次大规模种植的水生蔬菜品种涉及水芹菜、豆瓣菜、慈姑、芡实、菱角、茭白、莲藕七大类九个品种。

据了解，水生蔬菜是一种特色经济作物，水中生长，产值较高，在安徽、江苏一代发展迅猛，并且带动相应的深加工产业，提高了农民收入。

7月25日，在米东区羊毛工镇新建村水稻科技示范园的试验地里，记者看到这些蔬菜全部生长在水里，茎部没入水面约20厘米，其中水芹菜和豆瓣菜已开始收割。

村民曹传友说："在乌鲁木齐的蔬菜市场上，普通陆地生长的芹菜售价在每公斤3块钱左右，而生长在水里的芹菜则至少可以卖到4块钱。"

以前，曹传友40亩地全部种植水稻，今年开始，水稻和水生蔬菜基本各占一半。他说，水生蔬菜的产量高，比陆地蔬菜要高出四分之一，一亩水生蔬菜的效益抵得上三亩的水稻。

与一般蔬菜不同的是，水生蔬菜的营养价值较高，其中水芹菜富含多种微量元素和蛋白质，有降血压、降血脂、清热、利尿等功效，是"三高"人员食疗的首选，而芡实是睡莲科水生植物的果实，可食用也可药用，具有益肾固精、补脾止泻等功效。

米东区农牧局农技推广中心（种子站）高级农艺师周乐文说，根据米东区湿地相对丰富，且适合种植水稻的特点，今年4月，米东区引进水生蔬菜，面积约20亩，今后将进一步推广到更多农民中去，为首府市民菜篮子提供更多蔬菜。水生蔬菜的推广不仅能增加农民的收入，还可以有效增加米东区湿地面积，成为米东区农业观光旅游的一个景点。

参考文献

［1］单怀远，庄建平，张导．荸荠主要品种及其栽培［J］．上海蔬菜，1988（3）：41－43．

［2］邓春梅等．湖北省仙桃市莲藕产业发展现状与展望［J］．长江蔬菜，2017（8）：21－23．

［3］何建军，程薇，陈学玲等．我国水生蔬菜保鲜加工产业中存在的问题及解决措施［J］．长江蔬菜，2011（9）：132－133．

［4］胡美华等．浙江省水生蔬菜产业现状及发展对策［J］．浙江农业科学，2012（3）：269－272＋275．

［5］黄新芳，柯卫东，孙亚林．优质芋头高产高效栽培［M］．北京：中国农业出版社，2017：13－16．

［6］柯卫东等．我国水生蔬菜科研与生产发展概况［J］．长江蔬菜，2015（14）：33－37．

［7］柯卫东．水生蔬菜种质资源研究及利用进展［A］//中国园艺学会，武汉市人民政府，湖北省农业厅．第二届全国水生蔬菜学术及产业化研讨会论文集［C］．中国园艺学会，2007：4．

［8］李峰，柯卫东．莲藕安全高效生产技术［M］．武汉：湖北科学技术出版社，2016：19－33．

［9］李峰，刘义满，李明华，柯卫东．美国荸荠生产与研究情况［J］．长江蔬菜，2009（16）：19－22．

［10］李效尊等．水生蔬菜营养及药用价值研究进展［J］．长江蔬菜，2015（22）：25－30．

［11］李效尊等．山东省水生蔬菜生产现状分析和发展对策探讨［J］．长江蔬菜，2013（18）：6－9．

［12］刘独臣，房超，李跃建等．四川省水生蔬菜产业发展现状及前景［J］．长江蔬菜，2010（14）：126－127．

［13］刘瑾．莲藕品种与栽培技术［J］．蔬菜，2014（10）：50－53．

［14］刘义满，黄新芳，柯卫东．我国水生蔬菜地理标志产品现状［J］．中国园艺文

摘，2014（10）：49－54.

［15］刘义满，柯卫东等．湖北地区的藕带产业及其栽培技术［J］．中国蔬菜，2011（7）：47－49.

［16］隆定海．关于农业生产组织结构的研究［J］．经济问题，2006（12）：47－48.

［17］庞小莲，莫永诚，甘桂云，梁丽萍，韩作敏，李文嘉．广西北海市蔬菜生产现状与发展对策［J］．长江蔬菜，2017（10）：64－67.

［18］仁东海．我国水生蔬菜种植居世界之首［N］．中华合作时报，2002－05－10（003）.

［19］孙琦．基于产业集中度视角的中国煤炭产业技术创新研究［D］．山东大学，2016.

［20］王瑜等．山东莲藕产业现状及发展趋势［J］．中国蔬菜，2013（3）：22－24.

［21］向东梅．农业生产组织结构的类型与现代农业发展的选择［J］．贵州大学学报（社会科学版），2006（3）：63－68.

［22］鄢晓非，魏晓平．煤炭产业集中度与经济效率研究［J］．统计与决策，2016（3）：145－148.

［23］余志平等，铅山红芽芋产业发展概况［J］．长江蔬菜，2016（20）.

［24］严守雷等．湖北省水生蔬菜保鲜加工技术及产业化发展概况［J］．长江蔬菜，2016（4）：22－24.

［25］张红，王悦．基于CR指标集成的中国房地产产业集中度测算与比较［J］．清华大学学报（自然科学版），2013，53（5）：630－635.

［26］张培通，焦庆清，殷剑美，王安，吴薇，王立，韩晓勇．江苏省优质芋头产业发展策略之管见［J］．长江蔬菜，2017（2）：30－32.

［27］周雄祥．发挥湖北水生蔬菜产业资源优势打造农业精品名牌［A］//中国园艺学会，武汉市人民政府，湖北省农业厅．第二届全国水生蔬菜学术及产业化研讨会论文集［C］．中国园艺学会，武汉市人民政府，湖北省农业厅，2007：2.

［28］周达平．荔浦县水生蔬菜产业优势、现状、问题及发展对策［J］．南方园艺，2014（25）：50－51.

［29］FAO official website，crop queries of production volume of data［EB/OL］．http：//www. fao. org/faostat/.

［30］中国海关信息网．贸易统计，商品统计查询［EB/OL］．http：//www. haiguan. info/OnLineSearch/TradeStat/.

［31］刘义满，柯卫东，黄新芳．莲藕人工采挖和机械采挖技术［J］．长江蔬菜，2014（21）：12－14.

［32］黄江龙．一种莲蓬采摘、分离与筛分一体化自动设备：201710235640.4［P］.2017－06－23.

［33］赵长英，彭巧慧，林英杰．日本芋头生产的全程机械化体系［J］．河北农机，2014（12）：63－64．

［34］丁年生．一种新型马蹄收获机：201310565550.3［P］．2013－11－07．

［35］郭献章，陈晓明，柴海斌．联合型荸荠采收机：201410067356.7［P］．2014－02－27．

［36］唐仲华，高峰，高巧明等．一种荸荠的收获方法及设备：201510383875.9［P］．2015－07－03．

［37］史春杨，蒋梦蝶．农民脚不着地，开着"行车"种水芹［N］．无锡日报，2014－12－02（2）．

［38］张瑛，张永泰，李爱民等．慈姑覆膜垄作机械化栽培方法：201510513183.1［P］．2015－12－02．

［39］吴爱兵．一种慈姑自动收获机器人及其电学控制系统：201610917168.8［P］．2017－03－15．

［40］龚恒翔，汪静姝，雷波泽．用于莼菜施肥的施肥装置：201510650819.7［P］．2016－01－06．

［41］陈可可，何圣米．黄岩茭白产业发展刍议［J］．浙江农业科学，2016，57（10）：1644－1646．

［42］李良俊等．我国莲藕产业标准化现状与提高竞争力的思考［J］．农业科技管理，2005（4）：33－36．

［43］周锦连．丽水市水生蔬菜发展现状及措施［J］．浙江农业科学，2016，57（10）：1598－1599＋1602．